사람을 위한
대한민국 4차 산업혁명을
생각하다

문재인 후보 중앙선대위 일자리위원회 본부장 겸
새로운대한민국위원회 4차산업분과 공동위원장
유웅환 박사의

사람을 위한 대한민국——
4차 산업혁명을 생각하다

비즈니스맵

사람의 창의력이 혁신의 바탕이다.
낡은 것과 새로운 것이 교차하는 지금,
대한민국은 세계 최고의 스타트업으로 성장할 수 있다.
4차 산업혁명은 대한민국에 절호의 기회다.

CONTENTS

사람을 위한
대한민국 4차
산업혁명을
생각하며

해마다 돌아오는 봄이지만 2017년의 봄은 더욱 각별
하다.

　지난겨울부터 2월 23일 문재인 대통령 후보의 경선
캠프인 '더문캠'에 영입되기 전까지 10여 차례 촛불집
회에 참석했다.

　직장인이자 네 아이의 아버지로서 처음 촛불집회에
참석했을 때 느낀 감정은 2001년 8월 실리콘밸리에서
사회생활의 첫걸음을 내디뎠을 때 느꼈던 설렘만큼이
나 벅차고 남달랐다. 아무 연고도 없는 타국에서의 새
출발과 17년이라는 세월이 흘러 마주한 대한민국의 새
로운 세상을 향한 몸짓은 거울상이 되어 내가 지금까지
살아온 시간을 되돌아보게 했다.

거대한 인파에 둘러싸여 광화문광장에 들어섰을 때 내가 얼마나 사람들과 이곳에서 함께하고 싶었던가 2002년 여름의 기억이 떠올랐다. 글로벌 기업의 엔지니어로 눈코 뜰 새 없이 연구에 매진한 지 1년이 흐른 여름 나 역시 한국에서 펼쳐지는 월드컵 소식을 듣게 됐다. 나는 서울광장과 거리를 가득 메운 붉은 물결을 바라보며 먼 거리에 떨어져 있다는 현실이 너무 아쉬웠다. 아쉬움을 달래기 위해 위성방송을 설치해 국가대표팀의 경기가 펼쳐지는 날이면 업무가 끝나자마자 부리나케 집으로 돌아가 손에 땀을 쥐고 응원했다. 기적처럼 16강, 8강, 4강에 진출하고, 붉은 물결이 수백, 수십만으로 늘어났을 때는 외국인 동료들을 집으로 초대해 함께 경기를 지켜봤다. 그렇게 17년이 지나 비로소 나는 경복궁과 북악산이 마주 보이는 광화문광장에서 겨울도 잊은 수많은 목소리와 촛불의 온기를 나누면서 빛의 한 점으로 서 있게 된 것이었다.

그러나 먼 거리에서 향수에 젖어 기쁨으로 충만해 바라봤던 광장은 그때와 같으면서도 분명 달라져 있었다. 나는 광장에서 느껴지는 내 감정의 정체를 처음에는 정확히 알지 못했다. 그럼에도 화면으로 전해지던 승리의 염원과 마찬가지로 현장에서 직접 맞닥뜨린 사람들의 희망은 마치 한뜻을 나눈 친구와 악수를 나누듯 어떤 이질감 없이 고스란히 전달받을 수 있었다. 광장의 목소리는 단순히 부패한 정권의 퇴진만을 외치는 것이 아니었다. 사유화된 권력과 뿌리 깊은 정경유착, 그 모든 '적폐(積弊)', 즉 오랫동안 쌓이고 쌓인 폐단을 청산하고 새로운 세상을 맞이하자는, 우리는 할 수 있다는 희망의 축제였다.

그 희망은 어떤 승리에 대한 염원보다 훨씬 간절한 열망이 돼 한겨울의 고된 추위마저 누그러뜨렸다. 겨울을 지나 봄을 맞이할 때까지 그 목소리들은 전혀 지치지 않았다. 침착하되 뜨겁고, 거대하되 분명한 목소리들은 우리가 결코 작지 않음을, 얼마나 많은 가능성을 품고 있는가를 증명했다. 그것은 결국 가진 사람과 덜 가진 사람, 지위 고하를 막론하고 노력한 사람에게는 정당한 대가를 제공하고, 어떤 불공정한 반칙의 길도 용납하지 않는 세상을 만들자는, 한마디로 '사람을 귀하게 여기는 세상'으로 향하자는 목소리였다. 그리고 역설적이게도 광장에서는 이미 서로의 목소리를 경청하고, 서로의 불편을 배려하고, 아무 차별도 없는, 사람을 귀하게 여기는 세상이 도래해 있었다.

그 뜨거운 열기에 최면에 걸린 듯 나는 토요일마다 막내아들의 손을 잡고 광화문으로 가는 지하철에 올랐다. 그리고 수많은 사람의 목소리를 마음에 새겼다. 그것은 연락이 뜸했던 지인들과 지나온 시간을 더듬어보는 시간이자 수차례 강의와 글로벌 커리어 컨설팅을 수행하며 인연을 맺은 청년들이 꿈꾸는 미래를 확인하는 자리이기도 했다. 무엇보다 아무 인연이 없지만 더없는 연대를 느낀 촛불들과 대한민국의 새로운 출발을 향해 한 걸음 한 걸음 행진하는 출발선이었다. 그렇게 겨울과 봄을 광장에서 지나온 시점에 더문캠의 영입 제안을 내가 오랜 고민 끝에 수락하게 되었던 건 사람들과 함께 광장에서 나눈 수많은 질문에 채워가야 할 대답이 필요하다고 생각했기 때문이었다.

***

문재인 후보 중앙선대위에서 내가 맡게 된 소임은 새로운대한민국위원회 4차 산업혁명 담당과 일자리위원회 본부장이다.

내가 문재인 후보 중앙선대위에 합류하겠다는 결정을 내리자 주변 사람들은 축하와 격려보다는 걱정과 우려를 앞세웠다. 평생 엔지니어로 살아온 내가 이제까지 쌓아온 경력을 내팽개치고 정치 영역으로 일종의 모험을 한다는 것에 모종의 중개자가 있거나 개인적인 욕망이 작용한 것 아니냐는 의심의 눈길도 있었다. 나 역시 제안을 받아들이기까지 많은 고민의 시간이 필요했다. 무엇보다 여러 기업의 기술 자문 역할을 맡고 조직 관리와 연구를 병행해온 내가 대한민국 일자리를 설계하는 데 일조할 수 있을까, 하는 스스로의 자격에 대한 물음이 가장 컸다.

하지만 나는 결심했다. 오랜 자문과 주변의 만류에도 내가 이 일을 맡기로 마음을 굳힌 것은 크게 두 가지 이유에서였다.

첫 번째는 문재인 후보가 지향하는 4차 산업혁명에 대한 비전과 '일자리'에 관한 철학에 공감했기 때문이었다. 4차 산업혁명이라는 과제는 단순히 일자리를 창출하는 차원에서 머무는 것이 아니라 우리 기업 전반에 누적된 조직 문화를 혁신하고, 상명하복으로 상징되는 사고를 전환하며, 시대에 걸맞은 인재를 육성하는 전반적인 체질 개선의 기회라는 것. 나아가 새로운 시대의 성장 전략의 중심에는 사람이 굳게 자리 잡아야 한다는 방향성은 내가 맡게 될 일이 지금까지 내가 추구해온 것과 다르지 않다는 확신을 가지게 했다. 4차 산업혁명의 근원지인 실리콘밸리에서부터 국내 기업의 임원으로 일하면서 나 역시 기술과 문화의 융·복합은 어떻게 이루어질까, 피할 수 없는 미래라면 우리가 선택하고 집중해야 할 부분은 무엇인가, 이러한 변화 속에서 누구도 소외되지 않는 기술·문화 동반 상생은 어떻게 이루어질까 고민해왔다. 실제 조직을 이끌 때도 기술 개발보다 어렵고 중요한 것이 누구도 소외되지 않도록 이끄는 사람과의 소통과 관계였다.

또 하나 내 결심을 북돋았던 건 광장에서, 일상에서, 산업 현장에서 마주친 수많은 청년의 초상이었다. 유례없는 청년 실업률의 이면에는 누구보다 열심히 학업에 매진하고 경력을 쌓고 미래를 준비하는 청년들이 꿈을 펼칠 수 없는 불평등의 구조가 만연해 있었다. 그러나 기성세대의 편견과 정부의 미온적인 대책에도 청년들은 고달픈 현실을 이겨내며 웃음을 잃지 않았다. 그런 역동적인 청년들의 모습을 보며 내게는 항상 그들을 응원할 수 있는 구체적인 방안을 설계하고 싶다는 절실함이 있었다. 고민이 깊어지면서 다시 한 번 청년들의 초상이 새삼 떠올랐고 기성세대가 되어가는 내가 '일자리 위원회' 위원장이라는 역할을 통해 청년들이 자신들의 노력과 재능을 낭비하지 않고 '좋은' 일자리에서 일할 수 있는 기회를 설계하게 된다면 얼마나 보람될까, 욕심을 내어보고 싶어졌다. 나는 제안을 수락한 뒤 아내 몰래 미국 시민권 포기 절차를 밟았다. 비록 3개월의 한시적인 소임이지만 나와 청년들이 꿈꾸는 나라의 앞날을 위한 의지를 어떻게든 표현하고 싶었다.

***

이 책은 내가 문재인 후보 중앙선대위에서 함께 고민하고 토론한 대한민국 4차 산업혁명의 과제와 비전, 그리고 일자리 창출 방향의 갈무리이다.

4차 산업혁명은 여러 논쟁에도 불구하고 앞으로 세계경제를 지배할 근간이자 유일하게 두 자릿수 일자리 성장률을 만들어낼 수 있을 것이라고 전망되는 분야이다. 나아가 기술과 문화의 융·복합이라는 성격상 신경계와 같은 통신망을 바탕으로 일자리뿐만 아니라 생활 전반의 대전환이 불가피하게 이뤄질 '유기체' 성격이 짙다. 이 책은 이미 시작됐고, 또 맞이해야 할 4차 산업혁명에 관해 우리가 함께 답을 모색해가자는 제안이다.

1부에서는 4차 산업혁명이란 무엇인가 그 의미를 따지고, 전 세계에서 준비되고 실행되고 있는 4차 산업혁명의 현주소와 일자리에 대한 전망을 살펴볼 것이다.

2부에서는 4차 산업혁명과 관련한 정부의 역할과 문재인 후보 중앙선대위에서 고민했던 일자리 창출 방안들을 피력할 것이다. 인공지능, 사물인터넷(인터넷을 기반으로 한 사람과 사물, 사물과 사물 간의 정보를 상호 소통하는 지능형 기술 및 서비스를 말한다), 5G 네트워크(28GHz의 초고대역 주파수를 사용하는 이동통신 기술), 정보통신기술[ICT, 정보기술(IT, Information Technology)과 통신 기술(CT, Communication Technology)의 합성어. 정보기기의 하드웨어 및 운영과 정보 관리에 필요한 소프트웨어 기술, 그리고 이들 기술을 이용하여 정보를 수집, 생산, 가공, 보존, 전달, 활용하는 모든 방법을 의미한다], 스마트 카(스마트 고속도로) 등 우리가 선도할 수 있는 집중 분야에 대한 계획은 물론, 이를 촉진하기 위한 정부의 치열한 모색과 다양한 방안들을 담아낼 것이다. 아울러 그 중심에 사람이 있다는 점을 환기하고 우리 사회가 품고 있는 현실을 되돌아보고 미래를 도모할 것이다.

3부에서는 대한민국 4차 산업혁명의 현재를 구체적으로 파악하며 우리 기업의 실태와 한계, 개선점과 가능성을 타진할 것이다. 기업 환경에 관한 비판을 견지하되 우리가 가진 장점을 중심으로 올바른 방향을 모색할 것이다.

앞서 말했듯 이 책은 4차 산업혁명을 향한 방향키 중의 하나이다. 나는 이 책이 내가 몸담았던 문재인 후보 중앙선대위의 비전일 뿐만 아니라 4차 산업혁명의 변화에 관한 우리 모두의 고민을 시작하고 함께 대화하는 장이 되기를 바란다. 더불어 이 책이 정책에 조금이나마 보탬이 될 수 있다면, 그리하여 누구도 소외되지 않는 기술과 문화의 융합 시대를 맞이할 수 있는 밑거름이 될 수 있다면 그보다 보람된 일은 없을 것이다.

겨울을 밝힌 촛불의 힘에서 보았듯 우리에게는 세계를 놀라게 할 만큼의 에너지와 성숙한 역량이 있다. 공정한 경쟁을 펼칠 수 있는 운동장만 마련된다면 4차 산업혁명이라는 변화의 바람은 실제적인 기회의 형태로 우리 앞에 모습을 드러낼 것이다.

이제 우리는 4차 산업혁명이라는 미래를 향해 기차에 올라야 한다.

저기, 지금까지와는 또 다른 세상과 그 세상의 주인공이 되어야 할 사람이 기다리고 있다.

2017년 봄

유웅환

PART ONE

기술 혁신의 수용 정도가 사회 발전을 결정하는
주요 요인이라는 제1차 산업혁명의 교훈은 여전히 유효하다.

1

4차 산업혁명,
미래 열차는 출발했다!

2016년 1월 20일 스위스의 작은 휴양 도시 다보스에 내로라하는 세계 기업인, 정치인, 언론인, 경제학자 들이 속속 모여들었다. 1971년부터 해마다 새해가 밝으면 이어져온 풍경이었다.

　어느덧 50년 가까운 역사를 거듭해온 이 연례행사의 명칭은 세계경제포럼(WEF, World Economic Forum). 매년 1, 2월 스위스에서 개최되는 연차총회 이외에도 세계 각국에서 지역별, 산업별 회의를 운영하며 세계무역기구(WTO)와 선진국정상회담(G20) 등에도 지대한 영향을 끼치는 이 행사에서 지난해 다뤄진 주된 의제는 바로 "4차 산업혁명의 이해(Mastering the Fourth Industrial Revolution)"였다.

우리가 지난 1년 동안 신문·방송 등에서 줄기차게 접해온 '4차 산업혁명'이라는 화두가 바로 여기에서 비롯되었다.

세계 경제의 바로미터와
거부할 수 없는 흐름

세계경제포럼은 매년 세계 경제의 전체 흐름을 파악할 수 있는 바로미터로 여겨진다. 2010년부터 다뤄진 주요 의제를 살펴보면 최근 세계 경제가 직면한 문제와 얼마나 밀접한 관계가 있었는지 그 영향력을 실감할 수 있다. 2008년 전 세계를 휩쓴 금융위기를 개혁해야 한다는 '뉴노멀(New Normal)'을 필두로, 2011년 고령화와 기술 혁신, 2012년 성장과 고용, 2014년 포용적 성장, 2015년 글로벌 저성장과 청년 실업, 소득 불평등이라는 주된 의제들은 침체와 혼란을 거듭해온 세계 경제의 현 주소를 진단하고 이를 극복할 방안을 모색하는 데 초점이 맞춰졌다.

세계 경제의 일원인 우리 역시 이 주제의 흐름과 결코 무관하지 않은 문제들과 당면해왔다. 기업과 정부의 노력에도 불구하고 경제 성장은 침체됐고 실업률은 유례없이 치솟았다. 빈부 격차만큼 청년세대와 기성세대 사이의 갈등은 더욱 심화됐고, 대한민국 사회를 휩쓴 먹구름은 쉽사리 돌파구를 찾지 못했다. 따라서 지난해 선언된 '4차 산업혁명'은 그동안 다뤄진 주제들에 비추어 보면 누적된 과거와 고인 현재가 아닌, 이미 시작됐고 조만간 다가올 미래에 대한 새로운 경제 패러다임을 선언한 것이어서 그 파급 효과는 남다를 수밖에 없었던 것인지도 모른다. 실제로 지난 1년이라는 짧은 시간 동안 4차 산업혁명은 전 세계는 물론 우리나라 경제·사회·정치·문화의 핵심어로 자리 잡았다.

기업과 정부는 인공지능, 로봇, 자율주행차 등으로 대표되는 미래를 약속하고, 원천기술을 개발할 스타트업을 활성화시키며, 4차 산업혁명 세계를 떠받칠 네트워크 환경을 구축해 스마트 국가를 선도하겠다고 강조했다. 전례 없는 대통령 파면이라는 사태로 앞당겨진 19대 대통령 선거 기간 동안 주요 후보자 모두 입장에 따라 엇갈린 경제 공약을 제시했지만, '4차 산업혁명'이라는 키워드만큼은 빼놓지 않았다. 포털사이트에서 "4차 산업혁명"이라는 검색어를 입력하면 날마다 새로

작성되는 뉴스가 검색되고 현재까지 국내에 출간된 관련 서적만 해도 100종이 넘는다. 경제에 국한했을 뿐인데도 '4차 산업혁명'의 파고가 얼마나 거셌는지 미뤄 짐작할 수 있는 대목이다.

4차 산업혁명의 정체와
그를 해석하는 첨예한 입장들

그렇다면 대한민국을 휩쓸고 있는 4차 산업혁명이란 과연 무엇인가? 이미 시작된 현실인가, 앞으로 다가올 미래인가? 제3차 산업혁명인 디지털 혁명이 보다 심화·발전한 연장선일 뿐인가, 완전히 새로운 세계로 진입하는 기술 혁신인가?

"지능혁명을 기반으로 물리적·디지털 공간 및 생물학적 경계가 희석되는 기술 융·복합 시대"라는 일반적으로 통용되는 정의가 있지만 4차 산업혁명에 관한 전망은 오히려 시간이 지날수록 더욱 분분해지고 있다. 때로이 도래할 신(新)산업혁명에 대한 입장은 완전히 양극단으로 첨예하게 갈린다. 도로·철도·항만이 담당했던 역할을 정보통신기술이 대체할 것이라는 미래에 대해 한쪽에서는 혁신기술이 인간의 일자리를 빼앗아 더 큰 경제 위기를 초래할 것이라 우려한다. 다른 한쪽에서는 산업 전반의 패러다임은 물론 일자리에 대한 기존의 가치관을 재정립해 오히려 사람의 가치를 되찾을 수 있는 기회로 삼을 수 있다는 긍정적인 희망이 공존한다.

분명한 것은 이러한 희망과 냉소, 낙관과 비관, 기회와 소외라는, 마치 적녹색처럼 서로 상반된 신호등이 점멸하고 있음에도 4차 산업혁명이라는 열차는 혁신기술을 장착한 채 지금 이 순간에도 우리가 맞이할 미래를 향해 달려가고 있다는 사실이다.

제3차 산업혁명의 연장선이라고 폄훼하건, 일자리를 위협할 유령으로 두려워하건, 정보 민주주의의 완성이라는 장밋빛 미래를 기대하건 4차 산업혁명을 관통하는 여러 입장은 이 한마디로 요약할 수 있다. 핵심은 앞의 세 차례 산업혁명이 그러했듯 네 번째 산업혁명 역시 전 세계에 걸쳐 영향력을 발휘할 것이 분명하다는 사실이다. 세계 경제는 10년 넘게 얼어붙어 있고, 미국을 비롯해 영국, 유럽연합(EU)까지 보호무역주의를 우선하는 보수적인 경제정책 흐름으로 돌아서고 있지만, 이미 혁신기술들은 엄청난 속도로 국경을 지우고 사람들이 살

아가는 삶의 모습까지 탈바꿈시키고 있다. 역사적으로
정치·문화·사회와 더불어 산업에도 '혁명'이라는 단어
가 붙는 까닭이기도 하다.

2

앞선 세 번의
산업혁명과
무엇이 다른가?

18세기 말부터 40년 가까이 지속된 제1차 산업혁명은 증기기관을 동력으로 기계가 대량생산을 이끌었다. 단순히 베틀이 방직기로, 마차가 자동차로 바뀌는 변화가 아니었다. 사람들은 농토와 가정에서 공장과 도시로 삶의 터전을 바꿨다.

전기에너지를 기반으로 한 제2차 산업혁명은 영국 런던을 중심으로 유럽에 국한됐던 제1차 산업혁명과 달리 독일, 미국, 일본 등 전 세계를 무대로 폭넓게 펼쳐졌다. 화학, 석유, 철강 산업은 물론 식료품, 영화, 라디오, 축음기 등 일상생활에도 수많은 변화가 일어났다. 철도와 선박은 사람들이 일자리를 찾아 먼 곳으로 옮겨가는 발걸음을 도왔다. 제2차 산업혁명은 부를 축적한 국가

〈표1_기술의 진화〉

제1차 산업혁명 18세기	제2차 산업혁명 19~20세기 초	제3차 산업혁명 20세기 후반	제4차 산업혁명 21세기 초반~
증기기관 기반의 기계화 혁명	전기 에너지 기반의 대량생산 혁명	컴퓨터와 인터넷 기반의 지식정보 혁명	초 연결망 지능 AI·SW / 지능 정보 기술 / 정보 빅데이터·IoT·클라우드 • 지능 혁명 기반 기술의 융·복합 시대 • 복잡도 / 다양화 • 플랫폼 기반 하드웨어 소프트 기술

들이 기술을 겨루는 전장이기도 했다. 그 전쟁으로 인해 수많은 사람의 희생과 대공황이라는 일자리의 그늘이 드리우기도 했다.

제3차 산업혁명은 컴퓨터, 인터넷으로 대표되는 정보·자동화 생산 시스템을 기반으로 앞의 두 차례 산업혁명과는 사뭇 다른 모습을 띠었다. 과거에는 막대한 자본과 거대한 기반시설에 비례해 부를 축적하는 것이 상식이었지만 새로운 기술만 있으면 선도기업이 돼 경제 주축이 될 수 있다는 신화가 탄생했다. 기술이 있는 자와 없는 자의 구별이 뚜렷해지고 부의 지도가 바뀌기 시작한 것이다.

4차 산업혁명은 우리가 알고 있는 모든 산업의 형태가 로봇이나 인공지능을 통해 실재와 가상이 통합돼 사물을 자동·지능적으로 제어할 수 있는 가상 물리 시스템이 구축될 것이라고 예고한다. 두 번의 세계전쟁과 냉전을 거쳐 온 1차, 2차, 3차 산업혁명이 사람의 골격을 지탱하는 몸이었다면, 4차 산업혁명은 이 모든 것을 연결하는 신경망과 지능, 뇌의 역할을 담당하게 된다는 것이다. 혁신기술이 단순히 부를 축적하고 산업 차원에서 머무는 것이 아니라 삶의 질을 좌우하고 거대한 사회문화로 자리매김할 것이라는 전망이다.

4차 산업혁명의 핵심 기술들

지난해 세계경제포럼은 '이번만은 다를 것'이라는 4차 산업혁명을 떠받칠 핵심기술 10가지를 꼽았다. 로봇공학(Robotics), 인공지능(AI, artificial intelligence), 자율주행차, 사물인터넷(IoT, Internet of Things), 3D 프린팅, 나노기술(Nano technology), 생명공학기술(Bio Technology), 신소재공학으로 대표되는 재료과학(materials science), 에너지저장기술(EST, Energy Storage Technologies), 양자컴퓨터(quantum computer)가 그것으로, 이 기술들은 이미 연구개발(R&D) 센터를 벗어나 공장, 사무실 등 일선 산업 현장과 사람들이 살아가는 일상 곳곳에서 모습을 드러내고 있다.

우리는 이미 10년 전에 카이스트에서 개발한 휴보(Hubo)라는 로봇을 본 적이 있다. 휴보는 두 발로 걷고 가위바위보 게임을 하고 아인슈타인 얼굴로 웃고 놀라고 화를 냈다. 사람들은 눈앞에서 엉거주춤한 동작으로 움직이는 휴보를 반려동물 정도로 바라보았을지 모른다. 이후 로봇은 박람회를 벗어나 산업 현장 곳곳에 숨은 그림처럼 존재하기 시작했다. 실제로 우리나라는 2015년 기준, 노동자 1만 명당 478대꼴로 로봇 기술이 산업 현장에 투입돼 세계에서 가장 높은 로봇밀도(robot dencity, 고용인구 1만 명당 설치 로봇 수)를 나타내고 있다.

또한 우리는 지난해 이세돌 9단과 '딥러닝(deep learning, 컴퓨터가 여러 데이터를 이용해 마치 사람처럼 스스로 학습할 수 있는 일종의 인공 신경망 기술)'이라는 학습 기술로 무장한 알파고라는 가상의 고수가 펼친 바둑 대결을 통해 인공지능이 어느 단계까지 진화했는지 바로 눈앞에서 목격할 수 있었다. 굼뜬 행동으로 어린아이처럼 사람을 시늉하는 로봇이 아니라 도무지 실체를 파악할 수 없는 인공지능이 구사하는 묘수에 사람들은 더한 충격을 받았다.

냉전시대가 시작된 1956년에 용어가 처음 등장했던 인공지능 기술 일부분은 이미 우리 주변에 깊숙이 침투하고 있다. 구글, 네이버 등 검색엔진 서비스가 제공하는 번역 기능은 알파고와 같은 딥러닝 기술에 기반하고 있고, 페이스북 등 소셜네트워크서비스(SNS) 역시 이 기술을 적용, 사용자의 얼굴을 인식해 자동으로 분류한다. 우리가 무심히 일상을 기록하는 동안 인공지능 기술은 사람들이 채 인식하지 못하는 사이 순간순간 네 번째 산업혁명에 발맞춰 업그레이드되고 있는 것이다.

자율주행차도 마찬가지이다. 도로에는 친환경에너지를 지향하는 전기 자동차와 하이브리드 자동차가 날마다 늘어나고 있다. 환경문제에서 비롯된 자동차 개발 경쟁은 이제 탈것에 대한 고정관념을 바꾸는 지점까지 뻗어나가고 있다. 많은 자동차 기업이 자율주행 기능을 조금씩 선보이고 있고, 이제 자율주행차는 '커넥티드 카(connected car)'라는 이름으로 인터넷으로 연결돼 원격으로 연료를 충전하고 스스로 고장을 진단하는 미래까지 내다보고 있다.

　이러한 흐름은 전통적인 자동차 산업 자체에 균열을 일으키기도 했다. 2003년 설립해 세계 최초로 양산형 전기차를 내놓은 테슬라는 100년 넘는 역사를 자랑하며 산업혁명을 이끌어왔던 GM과 포드를 제치고 미국 자동차 회사 중 시가총액 1위에 자리매김했다. 소프트웨어 기술에 집중했던 구글과 애플이 여러 자동차 혁신기술 관련 스타트업을 인수하고 자율주행차 개발에 박차를 가하고 있다는 소식은 이미 널리 알려져 있다. 현대기아, 르노삼성 등 국내 자동차 기업 역시 여러 국제 모터쇼를 통해 친환경에너지를 바탕으로 한 자율주행차를 속속 선보이고 있다.

　사물인터넷은 이러한 혁신기술들을 떠받치는 인프라 역할을 담당할 전망이다. 인터넷이 대중적으로 보급되면서 사람과 사람, 사람과 사물은 실시간으로 연결되기 시작했다. 사람들은 인터넷을 통해 정보를 취득하고 물건을 구입하고 업무를 처리하게 됐다. 가상공간이 학원으로 시장으로 직장 등으로 탈바꿈하게 된 것이다. 사람들은 때와 장소를 가리지 않고 뜻하는 대로 '연결된' 세상에서 살아가게 됐다.

4차 산업혁명이 본격적으로 시작되면 여기서 한 걸음 더 나아가 사물들은 사물들끼리 스스로 정보를 주고받을 것이다. 집 안의 가전제품과 스마트폰이 연결돼 스스로 정보를 주고받고, 자율주행차는 사람을 인식해 저절로 차 문을 열고 교통 시스템과 연결돼 출발하고 멈출 것이다. 이 핵심기술들은 또 다른 기술 신경망을 따라 순환하며 일상생활은 물론 업무 환경, 여가생활까지 수많은 갈래로 파생될 것이다. 이는 결국 산업 기반 시설은 물론 도로, 교통, 방범 등 생활 전반에 스며들어 스마트 도시를 구축하겠다는 계획으로 이어지고 있다.

　　이외에도 세탁기, 화장품 등 생활제품에 수식어로 쓰이던 '나노' 기술은 사람이 파악하지 못한 초미세 분야까지 파헤쳐 의료와 환경 등 다양한 분야에 영향을 미칠 것이라고 한다. 또한 스스로 재생하는 능력을 갖춘 신소재 의류가 개발돼 관련 산업 전반에 변화를 불러올 것으로 전망된다. 이뿐만이 아니다. 양자역학에 기반해 슈퍼컴퓨터보다 몇 백만 배 빠른 속도를 자랑하는 양자컴퓨터가 등장해 혁신기술이 융합되는 속도가 혁신적으로 빨라질 것이라고 전문가들은 예측하고 있다.

완전히 열린 세계

사람과 사물들이 마치 텔레파시가 통한 것처럼 자동적으로 연결된 세상이 먼 미래의 이야기이기만 한 걸까. '스마트'라는 말을 거리낌 없이 받아들이게 한 스마트폰이 출시된 2008년을 기점으로 되돌아가 보자.

고작 스마트폰이라는 기계 하나가 등장했고, 9년이라는 시간이 흘렀을 뿐이지만 우리가 살고 있는 생활환경은 얼마나 달라졌는가. 스마트폰은 이제 단순한 전화기가 아니다. 우스갯소리처럼 전화 기능이 있는 이 컴퓨터는 손바닥만 한 크기의 단말기 안에 카메라, 인터넷, 텔레비전, 라디오, 영화관 등을 모두 내장하고 있다. 게다가 개인 정보 수집에 동의하면 스마트폰은 우리의 일상을 빠짐없이 기록하면서 건강을 체크하고, 지도를 제공하고, 관심 있는 뉴스를 맞춤해서 전달한다. 출퇴근 시간에 지하철이나 버스가 도착하는 시간을 알 수 있고, 대중교통을 타고내릴 때 신용카드 대신 요금을 결제한다. 근무시간 중 짬을 내 집 안에 설치한 카메라를 통해 집에 혼자 남겨진 반려동물을 보살필 수 있고, 주말에는 동영상 스트리밍 서비스에서 내 취향에 맞춰 선택해준

영화를 보면서 휴식을 취한다. 지방으로 출장을 가거나 해외여행을 나갔을 때도 우리는 '여기'와 실시간으로 연결돼 있다. 대체로 정보와 오락이 결합된 인포테인먼트(Infotainment)와 관련된 '스마트한' 혁신기술의 소나기를 우리는 그 속도조차 제대로 짐작하지 못하는 사이 만끽하고 있는 셈이다.

앞선 세 차례 산업혁명을 지나 네 번째 새로운 산업혁명의 도래를 예감하기까지 150년 남짓한 시간이 흘렀다. 기나긴 중세와 근세를 떠올려보면 근대와 현대에 이르는 이 산업혁명의 시간은 『천일야화』보다 역동적이고 다채롭다. 산업혁명을 지나오는 동안 세계는 점점 가까워졌고, 4차 산업혁명에 이르러서는 네트워크 기술을 통해 완전히 '열린 세계'가 될 것이라는 전망은 전혀 허튼소리가 아니다.

토마스 만의 소설 『마의 산』, 우리의 오늘을 되돌아보자

1895년 12월 28일에 뤼미에르 형제가 3분짜리 영화 〈열차의 도착〉을 명사들의 사교장인 그랑 카페에서 상영했을 때 몇몇 사람은 기차가 진짜 객석으로 뛰쳐나오는 줄 알고 혼비백산해 바깥으로 도망쳤다. 그러나 지금은 어떤가? 세계 곳곳의 극장에서는 하루에도 수십만 번씩 동시에 지구가 폭발하고 우주를 여행하고 미래를 펼쳐 보이고 있다. 이제 사람들은 놀라기는커녕 환호성을 지른다. 아니 조금만 지루해도 외면한다. 극장은 100년 전 모습과 크게 달라지지 않았지만 사람들은 산업혁명 이전 수천 년 동안 쌓아온 지식보다 더 많은 정보를 알고 있다. 뉴턴조차 아인슈타인의 상대성이론을 알지 못하고 죽었다. 콜럼버스가 스페인을 출발해 미국에 도달하기까지 33일이라는 시간이 걸렸다. 하지만 우리는 이제 비행기로 최장 하루면 지구 반대편에 닿을 수 있으며, 그 먼 곳의 사람과 실시간으로 영상을 주고받고 음성을 들을 수 있다.

그러나 현실은 극장이 아니다. 우리는 영원히 극장에 머물 수는 없다. 우리는 더 이상 극장을 두려워하거나 도망치지 않지만 늘 삶이라는 현실로 돌아가야 한다. 고된 몸을 이끌고 직장으로 출근하고 가족을 돌보고 내일을 설계해야 한다. 어제도 그랬고 오늘도 그랬고 어쩌면 '스마트한' 혁신기술로 무장한 4차 산업혁명이 도착한 내일도 우리의 삶은 크게 바뀌지 않을 수도 있다. 그래서 오히려 극장에서 현실로 걸어 나온 미래가 정작 자신을 지켜보고 응원했던 사람을 소외하고 현실의 주인공 노릇까지 꿰찰지도 모른다는 불안은 어쩌면 자연스러운 것인지도 모른다.

세계경제포럼이 열리는 다보스는 해발고도 1,600여 미터에 위치해 있다. 인구가 채 2만 명이 되지 않는 이 작은 산악 도시는 토마스 만의 소설 『마의 산』 배경으로 알려져 있다. 주인공 한스가 7년이라는 시간을 낯선 인간 군상에 젖어 삶과 동떨어져 있는 동안 산 아래 현실에서는 진짜 전쟁이 벌어졌듯, 다보스에서 4차 산업혁명이라는 신호탄이 발사되자 전 세계에서는 혁신기술로 무장한 미래를 선점하기 위한 보이지 않는 경제 전쟁이 시작된 듯하다. 우리 역시 지난 1년 동안 오랜 경기 침체와 '적폐'라는 이름의 정치·경제 소용돌이를 겪는 와중에 4차 산업혁명이라는 전운이 위기이자 기회인 듯 주위를 감돌았다.

4차 산업혁명 기술은 장밋빛 미래인가, 인간 소외의 미래인가. 4차 산업혁명이 거스를 수 없는 미래라면, 우리는 과연 그 미래를 어떻게 준비해야 할 것인가. 이에 대한 대답은 우리가 발 딛고 있는 오늘을 되돌아보는 것에서부터 출발해야 할 것이다.

3

대한민국
4차 산업혁명은
일자리 혁명이
되어야 한다

기술과 사람이 조우하는 풍경은 늘 양면성을 노정할 수밖에 없다. 산업혁명 역시 기술이 사람을 소외시킬 것이라는 불안과, 기술로 인해 산업 규모 자체가 커져 일자리도 그만큼 늘어날 것이라는 기대가 빛과 그림자로 존재했다.

　실제로 세 차례 산업혁명을 지나오는 동안 사람들이 살아가는 풍경은 명암을 함께하며 완전히 달라졌다. 한 사람의 생애보다 2~3배 정도 긴 시간이자 가족 3대가 탄생하는 정도의 시간 동안, 그러니까 두 차례 세계대전과 냉전을 거쳐 신자유주의가 세계를 지배하는 동안 전 세계 인구는 7배 이상 팽창했다. 그리고 그만큼 일자리가 필요했고 수많은 사람이 기회를 찾아 도시로 모여들었다. 다양한 과학기술이 발전했고, 공장, 주택, 도로, 시장 등 인간이 발명한 '인공자연'인 도시를 중심으로 세상은 빠른 속도로 변해갔다. 기술은 삶의 터전을 옮긴 사람들의 생활을 돕고 다양한 일자리를 만들고 일상생활을 변화시켰다. 탈것 하나만 하더라도 마차에서 이륜차, 자동차, 선박, 항공 등 수많은 이동수단이 생겼다는 사실을 상기해보라.

어찌 보면 너무 빤한 이야기를 환기하는 까닭은 과학기술을 바탕으로 변화해온 경제사의 근간에는 언제나 '사람'과 관련된 고민이 자리했다는 사실 때문이다. 150년 전에 발명된 기술은 고릿적 이야기처럼 들리지만, 사람과 일자리에 관한 고민은 여전히 현재진행형이다. 4차 산업혁명이라는 청사진 역시 겉모습은 상상으로만 존재했던 혁신기술로 무장하고 있지만, 여전히 그 밑바탕에는 사람, 즉 사람이 생활을 영위하는 기본수단인 일자리와 관련된 문제의식이 근본적으로 자리하고 있다. 실제로 4차 산업혁명을 주제로 다뤄지는 논쟁에는 늘 '사람'과 '일자리'가 저출산, 청년 실업, 고령화, 양극화 같은 이슈와 함께 꼬리표처럼 따라붙고 있다.

4차 산업혁명 역시 어떤 방식으로든
일자리라는 주제로 수렴될 수밖에 없다

일자리는 예나 지금이나 단순히 생계를 꾸려나가는 수단일 뿐만 아니라, 삶의 성취를 일깨우는 정체성이다. 일하는 사람들은 하루 중 더 많은 부분을 가족과 함께 하는 시간보다 직장에서 업무에 종사하는 시간에 할애한다. 일자리는 한 사람의 성격만큼이나 그 개인을 특정하는 중요한 요소이다. 어떤 일을 어떻게 하느냐에 따라 개인의 생활방식은 사뭇 다르며, 나아가 일은 사람들의 사고방식에까지 커다란 영향을 미친다.

그래서 일자리의 위기는 단순히 개개인의 문제를 넘어 국가 전체의 흥망을 뒤흔드는 계기가 되곤 했다. 우리 사회를 가장 크게 뒤흔든 1998년 외환위기 이후 변화해온 사회상을 떠올려보는 것만으로 충분히 짐작할 수 있는 대목이다.

2017년 현재의 대한민국은 똑같은 업무량을 소화하는 데도 엄연한 차별이 존재한다. 정규직과 비정규직 사이의 간극은 더욱 메우기 어렵고, 일자리에 대한 불안은 청년들이 공무원 등 안정적인 직장이라는 똑같은 목표를 '꿈꾸도록' 떠밀었다. 일자리가 사람을 어떻게 대우하는가에 따라 사람들의 삶의 조건 또한 얼마나 많은 부침을 겪는지 우리는 이미 충분히 경험했다. 이처럼 일자리 위기는 우리 사회 전체를 불안과 정체에 고착시키는 결과를 초래한다.

따라서 4차 산업혁명 역시 어떤 방식으로든 결국 일자리라는 주제로 수렴될 수밖에 없다. 이는 단순히 혁신기술이 인간의 일자리를 빼앗을 것인가, 아니면 새로운 일자리의 총 규모, 즉 파이(pie)를 늘릴 것인가 하는 양적인 문제뿐만 아니라, 사람을 소외시키지 않는 기술과 삶의 상생이 가능할 것인가 하는 윤리적인 문제까지 보다 복잡다단한 숙제를 안겨주고 있다.

고민의 중심을 이동하라!

다시 강조하지만, 4차 산업혁명은 천지개벽이 아니다. 기술과 사람은 늘 함께였고, 때로 갈등과 반목을 거듭했지만, 결국 정치·문화·산업 전반에 걸쳐 서로 조화를 이루려고 노력해왔다. 그래서 우리는 '이번만은 다르다'고 예견되는 4차 산업혁명 역시 단순히 혁신기술이 펼처 보일 미래가 아니라, 융합과 통합을 바탕으로 투명하고 열린 세계를 지향한다는 특성에 방점을 두어야 한다. 기술과 사람의 대립이 아니라, 기술과 사람의 조화를 고민해야 한다. 동시에 일자리 개수뿐만 아니라, 일자리의 질을 고민해야 하는 것이다.

기술 발달은 사람들에게 수많은 기회와 꿈을 제공했지만 모두가 그 꿈에 다다를 수 있는 것은 아니었다. 누구나 극장을 알고 있지만 수많은 사람이 현실을 건사하느라 꿈이라는 극장의 존재를 잊고 살지 않는가.

일찍이 테크놀로지 사회학 분야 지성 클레이 셔키(Clay Shirky) 교수는 인터넷 혁명의 영향력을 진단하며, "손해 보는 사람이 없다면 그것은 혁명이 아니다"라고 갈파했다. 바로 이 손해 보는 사람들, 어쩌면 일자리를 잃게 될지도 모르는 사람들에 대한 안전망 구축과, 재교육을 통한 재취업, 기술 소외 계층을 위한 대책을 가장 먼저 마련해야 한다. 또한 노동과 삶에 대한 숙고를 통한 먹고사는 문제의 패러다임의 대전환을 고민해야 한다.

일자리 정책의 방향

지난해 세계경제포럼은 개막 직전 발표한 〈일자리의 미래(The Future of Jobs)〉 보고서에서 2020년까지 총 710만 개의 일자리가 사라지고 200만 개의 일자리가 새롭게 만들어져 결국 510만 개 정도의 일자리가 사라질 것이라고 예측했다. 사라지는 일자리 중에는 현장 관리, 기능직, 운송·서비스직뿐만 아니라 현재 고소득 전문직으로 인정되는 변호사·세무사를 비롯한 사무·관리직이 상당수 포함되어 있다.

이는 단순히 일자리 개수가 줄어드는 차원이 아니라, 우리가 알고 있는 일자리의 패러다임 자체가 바뀔 수 있다는 점을 시사한다.

과연 기술이 일자리를 빼앗을 것인가?

결론부터 말자하면, 4차 산업혁명이 본격적으로 시작되면 일자리가 줄어들 것이라는 판단은 절반은 맞고 절반은 틀리다.

우선 양적인 입장에서 바라보면 제1차, 2차 산업혁명 시작점에는 기계가 등장하면서 불안을 야기했지만 결국 생산성의 향상을 가져와 일자리가 유지, 확대되는 형태로 진화했다. 이를테면 증기기관의 발명으로 마부는 사라졌지만 자동차가 생기면서 운전사와 정비공이 필요해진 격이다. 미래는 결국 어떤 태도로 받아들이고 무엇을 목적으로 설계하고 준비해 나가느냐에 따라 달라질 수 있다.

실제로 그때와 비교하면 인구가 기하급수적으로 늘었지만, 실업률은 첫 산업혁명이 태동한 시기와 엇비슷한 수준을 유지하고 있다. 2015년 〈맥킨지 보고서〉에 따르면 실리콘밸리를 필두로 4차 산업혁명의 진원지인 미국의 800개 직업 중 2,000가지 작업을 분석한 결과, 기계가 사람을 대체하는 자동화 작업 비율이 최대 45퍼센트까지 가능할 것으로 전망했다. 그러나 그중 사람을 완벽하게 대체할 수 있는 비율은 채 5퍼센트가 되지 않을 것으로 파악했다.

이런 몇몇 사실에만 비추어 보더라도, 지나친 기술 중심적인 관점에서 일자리 개수에만 집중하는 것은 나무만 헤아리다 숲 전체를 바라보지 못하는 오류에 빠지도록 만드는 결과를 초래할 수 있다.

따라서 '얼마나 많은 일자리 수를 마련할 것인가' 하는 목표에 앞서, '일자리를 얼마나 지속 가능하고 건강한 형태로 만들 것인가' 하는 계획이 더 중요하다. 또한 '4차 산업혁명 시대에 사람들의 삶을 어떻게 개선하고 더욱 풍요롭게 할 것인가' 하는 보다 거시적인 관점에서 일자리의 문제를 입체적으로 사고해야 한다.

4

독일의
인더스트리 4.0과
실리콘밸리에서
배우다

대한민국 4차 산업혁명의 청사진을 말 그대로 청사진으로 만들려면, 우리의 현실, 즉 장단점을 정확하게 파악하고 장점을 극대화할 수 있도록 정책의 방향을 집중해야 한다.

　2012년 독일은 '인더스트리 4.0(industry 4.0, 제조업의 경쟁력 강화를 위해 추진하고 있는 제조업 성장 전략)'을 정부 핵심 프로젝트로 삼고 제조업의 완전한 자동 생산 체계를 구축해 4차 산업혁명을 선도적으로 대처해나갔다. 이는 단순히 기계 장비나 부품 같은 산업 기반시설에 인공지능이 탑재되고 사물인터넷을 연결해 정보와 데이터를 자동으로 주고받는 지능·표준화 작업에 그치지 않고, 기업과 구성원 모두 이 흐름에 적응할 수 있도록 교육 프로그램을 병행하는 방식으로 진행됐다. 실제로 인더스트리 4.0을 추진하면서 감소하는 일자리의 2배가 새로 생성됐다.

이는 4차 산업혁명의 특징인 자동·효율화로 인해 일자리가 없어질 것이라는 전망과 배치된다. 독일은 이를 바탕으로 빅데이터를 구축해 또 다른 비즈니스를 창출하는 선순환 구조를 이어가겠다는 계획이다. 결국 최적화된 생산 과정이 일자리를 창출하는 자연스러운 흐름으로 이어질 수 있다는 가능성을 보여준다.

4차 산업혁명의 발원지로 여겨지는 실리콘밸리는 제조업에 기반한 독일과 달리 인공지능 등 혁신기술이 중심이 된 플랫폼을 구축해 비즈니스 서비스를 창출하는 데 집중하고 있다. 현재 시가총액 기준으로 1위, 2위, 3위, 4위, 6위를 차지하고 있는 애플, 구글, 마이크로소프트, 아마존, 페이스북이 이러한 4차 산업혁명의 징후를 보인 기업이자, 앞으로 이를 선도해나갈 퍼스트 무버(First mover, 산업 변화를 주도하고 새로운 분야를 개척하는 창의적인 선도기업를 일컫는다)로 손꼽힌다.

많은 전문가가 4차 산업혁명에서는 디지털 기술이 더욱 복잡해지고 발전 속도도 빨라져 고급 인재와 혁신적인 기업문화를 가진 실리콘밸리 같은 토양에서 기술과 자본을 더욱 독점하게 될 것이라고 예측한다. 이 기업들 모두 디지털을 기반의 정보통신기술을 바탕으로 하고 있다는 사실을 명심해볼 필요가 있다. 이들은 일자리 창출과 부에 대한 이제까지의 고정관념마저 혁신하고 있다.

기회는 위기와 함께 온다

제조업 등 하드웨어에 집중한 독일과 인공지능 등 소프트웨어에 집중한 실리콘밸리는 통신 표준에 합의하는 등 4차 산업혁명을 향한 양 축을 더욱 공고히 하고 있다. 그러나 독일 정부와 실리콘밸리 선도기업들이 어떤 빼어난 선견지명이 있어 4차 산업혁명을 선도해 나가는 것은 아니다. 독일이 인더스트리 4.0을 추진한 배경에는 인구 감소와 경기 침체, 낮은 인건비를 바탕으로 도전해오는 신흥국과 경쟁할 힘을 갖추어야 한다는 위기의식이 크게 작용했다. 실리콘밸리 역시 기존 기업들과 전혀 다른 기업정신을 가진 혁명가들이 상상력을 바탕으로 전혀 새로운 산업의 신대륙을 창조해냈다.

즉 혁신은 늘 위기 속에서 꽃을 피웠다. 기회는 기존

에 존재하는 틈새에서 발견할 수도 있지만, 요동치는 현실 속에서 새로운 영토를 개척할 때 더 선명하게 발견할 수도 있다.

우리에게도 아직 기회는 남아 있다. 4차 산업혁명을 떠받칠 혁신기술들이 산업 전반과 일상생활 깊숙이 파고들 때까지는 아직 시간이 있다.

실제로 많은 전문가가 향후 5년간 4차 산업혁명은 과도기 성격이 짙어 없어지는 일자리보다 새로 생기는 일자리가 많을 것이라고 전망한다. 자율주행차든 사물인터넷이든 인공지능이든 이러한 혁신기술을 담아낼 기반시설이 우선 마련돼야 하기 때문이다. 또한 4차 산업혁명을 이끌고 있는 외국의 선도기업은 아직까지 이 원천기술을 담아낼 그릇이 없어 고민하고 있는 형국이다. 우리가 빠르게 움직이면 충분히 4차 산업혁명 시대를 다른 나라들과 함께 주도할 수 있다.

5

경제 성장에 대한
관점을
180도 바꾸자

지난 1년 동안 수많은 기업과 정부가 4차 산업혁명을 선도하겠다고 공언했지만 우리가 처한 현실은 그리 녹록하지 않다.

　2016년 세계경제포럼에서 스위스 최대 금융그룹 UBS는 대한민국의 4차 산업혁명 적응도를 45개국 중 25위로 꼽았다. 세부적으로 살펴보면 23위를 차지한 기술 수준과 19위를 차지한 교육 시스템, 20위를 차지한 사회간접자본시설(SOC, Social Overhead Capital)은 전체 순위와 비슷한 수준을 보였지만, 노동시장 유연성과 법적 보호 장치가 각각 83위, 62위로 혁신기술을 뒷받침할 사람과 일자리에 관한 사회 환경이 얼마나 취약한지 단적으로 드러냈다.

세계경제포럼뿐만 아니라 여러 국제기관에서 발표한 국가경쟁력을 취합해보면 이런 흐름은 더욱 뚜렷하다. 한마디로 기술 발전과 사람의 가치 사이의 간극이 점점 심화되고 있다는 사실이다.

기업과 정부는 국내총생산(GDP) 세계 순위가 11위라며 우리가 가진 잠재력을 강조하지만, 앞으로 맞이할 4차 산업혁명은 이러한 성장 이면에 가려진 불균형을 다시 한 번 되돌아보게 한다. 아울러 그동안 정부가 마련해온 4차 산업혁명 관련 정책들이 얼마나 현실과 동떨어져 있었는지 반증한다.

가파른 경제 성장을
온몸으로 이끌어온 사람들

사실 우리는 세계적인 산업혁명 과정에서 늘 뒤처져 있었다. 일제강점기에는 나라를 빼앗기는 수모를 겪으면서 세계 경제와 차단돼 있었고, 일제가 수탈을 목적으로 구축해놓은 사회 기반 시설은 한국전쟁을 겪으면서 산산조각이 났다. 사람들은 당장 먹고사는 일을 걱정하는 것만으로도 벅찼다. 아무 자원도 갖춰져 있지 않은 상황에서 기업과 정부는 수출 무역에 의존해 성장 동력을 삼았고, 사람들은 열악한 노동환경을 견디며 가파른 경제 성장을 온몸으로 이끌었다. 나아가 산업경제가 디지털로 전환되는 시기에는 외환위기라는 경제 한파가 몰아친 한복판이었는데도 인터넷, 모바일로 상징되는 디지털 문화를 선도적으로 이끈 경험도 있다. 결국 정부와 기업의 주도적인 역할도 한몫했지만, 그 밑바탕에는 바로 국민, 사람이 있었던 셈이다.

그러나 70년 남짓한 시간 동안 그 가파른 고속성장을 온몸으로 겪어낸 탓인지 우리는 현재 지친 모습이다. 사람들은 노동으로부터 소외되는 일자리 위기뿐만 아니라 나이, 성별, 직업, 빈부 갈등 들이 초래하는 불안에 시달리고 있다. 기업은 경기 침체와 급변하는 세계 정세에 대응책을 마련하느라 전전긍긍이고, 정부는 우리 사회의 문제를 해결할 뚜렷한 방안을 제시하지 못하고 있다. 게다가 4차 산업혁명이라는 미래가 찾아온다는데, 우리 사회 전체가 분야를 막론하고 출구가 쉽사리 보이지 않는 총체적인 침체의 늪에 발목을 잡힌 모양새다.

패스트 팔로어 전략의 한계

그렇다면 우리는 4차 산업혁명에서 뒤처진 것일까? 우리는 4차 산업혁명을 맞이할 역량을 갖추고 있기는 한 걸까. 세계 흐름과 견주어 불리한 입장에 놓여 있는 것은 아닐까. 수치와 통계가 모든 것을 규정하는 것은 아니지만, 때로 이러한 지표들은 우리가 처한 현실을 객관적으로 파악하고 개선하는 계기가 되고는 한다.

우선 4차 산업혁명은 우리 산업의 특장이었던 패스트 팔로어(fast follower, 새로운 제품이나 기술을 빠르게 좇아가는 전략 또는 그 기업을 일컬으며, 앞서 설명한 퍼스트 무버를 모델로 삼는다)식 경제 성장을 점검하게 만든다.

패스트 팔로어는 주로 추진력을 바탕으로 선도기업을 벤치마킹해 더욱 개선된 제품을 싼값으로 내놓으면서 시장을 차지하는 전략을 구사한다. 우리는 대기업이 주축이 돼 패스트 팔로어 전략을 구사하면서 수출무역을 중심으로 가파르게 성장했다. 그러나 오늘날 대기업의 성장세는 점점 둔화되고 있다. 한국무역통계진흥원에 따르면 2017년 4월 기준 대기업 수출액은 3,085억 달러로 전체 수출(4,954억 달러)의 62퍼센트를 차지했다. 대기업 수출 비중은 2010년 65퍼센트, 2012년 68퍼센트까지 치솟았다가 4년 연속 내림세를 보이며 2008년 62퍼센트 이후 8년 만에 최저 수준을 기록한 것이다.

우리 경제 구조가 지나치게 대기업에 치중돼 있다는 사실은 누구나 알고 있다. 실제로 대기업들의 흥망성쇠가 우리 경제 전체 판도를 뒤흔드는 경우는 허다하다. 외환위기는 아시아 금융시장이 붕괴되고 그 여파로 대기업이 줄줄이 도산하면서 걷잡을 수 없는 수순에 들어갔다. 지금도 대기업이 장악해온 해운·조선업이 무너지는 경제 상황은 단순히 기업 문제에 국한되지 않고 국가가 개입할 수밖에 없는 문제로 확대됐다.

하지만 겉으로 드러난 문제 이면에는 부실 대출 등 기업과 금융기관이 당연하게 여겨왔던 관행이, 전문 경영인이 아닌 세습 경영자가 경영권을 지배하는 체제가 도화선이 돼 주식시장과 외환시장 전반이 도미노처럼 무너지고, 협력회사들이 도산하고, 결국 수많은 사람들이 일자리를 잃어 경제 전반이 침체되고 악화되었다.

성장의 형식과 내용의 획기적 전환

한국은행 자료에 따르면 한국 1인당 GDP는 1970년 81달러에서 지난해 2만 7,561달러로 불과 40년 만에 300배 넘게 증가했다. 우리 경제 규모는 세계 10위권을 넘나든다. 그러나 경제협력기구(OECD)가 밝힌 노동지표는 여전히 최하위에 머물고 있다. 우리는 그만큼 풍요로움을 느끼는가? 그만큼 행복도 상승했는가? 우리는 성장이라는 명목하에 건강한 성장이 아니라 겉으로 드러나는 발육에만 치중했던 것은 아닐까.

실제로 대기업과 정부가 성장이라는 신화를 밀어붙이며 방치해온 후유증이 사회 곳곳에서 드러나고 있다. 성장 신화에 도취해 사람이 희생하는 것은 당연하다는 사고방식은 여전히 짙은 그림자를 드리우고 있다. 이 신화는 경제뿐만 아니라 사회 전체를 병들게 했다. 1등이 되기 위해서라면 불공정한 관행도 정당화됐고, 권력을 이용한 수많은 편법들이 용인되었다. 사람들이 분노를 넘어 스스로를 체념하는 사회 분위기가 만연됐다. 내일을 꿈꿀 수 없는 불안이 불안을 더 부추기면서 우리 사회의 정체성을 지배하는 동안 결국 사람을 동력으로 삼을 수밖에 없는 경제 역시 성장세가 둔감해진 것은 당연한 결과일지 모른다.

이제 우리는 성장의 내용과 형식 모두를 새로운 관점에서 바라보지 않으면 안 되는 갈림길에 서 있다. 경제뿐만 아니라 사회 곳곳에서 켜진 적신호는 그동안 우리가 방치해온 병에 대한 근본적인 치료를 요구하는 다급한 신호인지도 모른다. 이제 기업문화는 거듭나야 하고, 정부 정책 역시 드러나는 수치에 집중해 '보여주기'에 그쳐서는 안 된다. 사람들은 땔감이 아니라 기업과 정부를 성장하게 한 자양분이라는 사실을 되새겨야 한다.

생각이 달라지면 행동이 달라진다. 혁신하지 않으면 실천할 수 없다. 이는 단순히 4차 산업혁명이라는 시대 흐름뿐만 아니라 어떤 불공정한 경쟁과 차별도 묵과하지 않겠다며 지난겨울 광장을 밝혀온 사람들의 엄연한 시대적 요구이기도 하다.

사람 중심의 경제

4차 산업혁명의 양 축으로 여겨지는 독일과 실리콘밸리를 살펴보면 우리가 전통적으로 생각하는 산업 형태와 기업문화는 더 이상 찾아볼 수 없다. 굴뚝과 기계를 시늉하며 시곗바늘처럼 돌아가는 노동자의 모습은 점점 사라지고 있다.

혁신기술이 미래를 앞당기고 있지만, 분명한 사실은 사람 없이는 그 어떤 혁신도 불가능하다는 점이다. 기업문화를 개선하지 않고, 현재의 모습 그대로 보다 나은 기술로만 무장하면 된다는 생각은 오산이 아닐 수 없다.

많은 사람들이 4차 산업혁명의 미래에 냉소적인 까닭도 혁신기술이 일자리를 빼앗을 것이라는 불안보다, 우리 사회와 기업 내부에 도사리고 있는 불합리와 병폐들이 개선되지 않은 상황에서 과연 창의와 혁신이 가능하겠는가 하는 회의 때문이다. 사람의 가치를 되찾아야 한다. 숫자의 경제에서 사람의 경제로 4차 산업혁명의 미래를 향해 나아갈 수 있는 동력을 만들 수 있다.

6

협력과 경쟁의
코피티션 생태계

국경없는기자회 발표에 따르면, 지난 10년 동안 우리
나라의 언론자유지수는 세계 70위를 기록했다. 2002년
처음 발표됐을 때 39위로 출발해 2006년 31위로 최고
기록을 유지했으나 2008년 이후 최하위권을 유지하고
있다. 국경없는기자회가 언론 자유의 기준으로 삼는 것
은 크게 여섯 가지로 분류할 수 있다. 첫째, 다원주의 즉
집단의 경쟁, 갈등, 협력 등에 의하여 민주주의적으로
운영되고 있는가? 둘째, 권력으로부터 독립적인가? 셋
째, 자기검열 수준은 어떤가? 넷째, 언론 제도장치(인프
라)는 어떻게 되어 있는가? 다섯째, 취재와 보도의 투명
성은 어떤가? 여섯째, 뉴스 생산구조는 어떻게 이루어
져 있는가?

이는 단순히 언론뿐만 아니라 기업과 정부, 사회 전반에 대입해볼 수 있는 질문이다. 구성원들이 민주적으로 경쟁할 수 있고 자유롭게 능력을 펼칠 수 있으며 독립적으로 일할 수 있는지, 자율을 억압하는 문화는 없는지, 이는 건강한 생태계의 조건과도 일맥상통하는 조건들이다.

낙수효과조차 틀어막은 대기업

우리 경제는 1970년대 이후 램프업(ramp up, 안정적인 양산 즉 안정적인 생산량 증가를 일컫는다)이 빨랐지만 시간이 지날수록 그 발전 속도가 느려지고, 마침내 정체 상태에 이르렀다. 우리는 2006년 GDP 2만 달러 시대를 열었으나 10년이 지난 지금까지 2만 달러대를 벗어나지 못하고 있다.

과연 그 이유는 무엇일까?

그 이유는 현재까지의 성장을 가능하게 했던 바로 그 대한민국의 대기업에 있다. 수많은 특혜 속에 성장한 한국의 재벌, 덩치를 불려 규모로 시장을 휩쓸었던 대기업들이 한계에 다다른 것이다. 또한 이른바 낙수효과조차 틀어막은 대기업의 수도꼭지가 시장의 성장을 가로막았기 때문이다. 현재 우리 경제를 그림으로 그린다면 기업은 성장했지만, 시장은 성장하지 못한 기형적인 모습을 보일 것이다.

기존 방식을 고수한다면 4차 산업혁명으로 상징되는 새로운 물결에서는 더욱 허우적댈 확률이 높아졌다. 더 이상 대기업으로 상징되는 성장 신화에 기댈 수 없는 이유이다.

중소·벤처기업과
스타트업의 신화를 위하여

4차 산업혁명으로 상징되는 경제 환경에서는 오히려 혁신기술과 열린 기업문화로 무장한 중소·벤처기업과 스타트업에서 성장 가능성을 목격할 가능성이 높아졌다. 앞서 대기업 수출 비중이 최저 수준을 기록했다고 말했지만 같은 기간 중소·벤처기업은 982억 달러로 19.8퍼센트를 차지해 오히려 1.7퍼센트 높아졌다.

새로운 일자리 역시 대기업이 아니라, 중소·벤처기업과 스타트업에서 발생했다는 사실도 눈여겨봐야 한다.

우리는 무의식중에 대기업이 산업 전반에 차지하는 비중을 감안해 일자리에도 역시 상당한 사회적 책임을 다할 것이라고 판단하지만 실상은 그렇지 않다. 지난 10년 동안 대한민국 산업이 암울한 상태를 거듭해오는 동안 일자리의 약 90퍼센트가 대기업이 아니라 중소·벤처기업과 스타트업에서 나왔다.

실제로 중소·벤처기업과 스타트업 하나당 23명의 일자리가 생긴다고 한다. 현재 3만여 개 수준인 기업 수를 매년 20퍼센트씩 증가시키면 5년 내에 115만 개 정도 일자리가 새로 생길 수 있다는 계산이 가능하다. 정부가 중소·벤처기업을 지원하고 스타트업이 활성화할 수 있도록 제대로 판을 만들어주어야만 하는 절실한 이유를 실감하게 하는 대목이다.

많은 사람들이
4차 산업혁명의 미래에
냉소적인 까닭

따라서 4차 산업혁명에 부응하는 우리 경제의 체질 개선을 위해서는 무엇보다 먼저 우리 사회에 만연해 있는 대기업 중심의 성장 신화를 벗어던져야 한다. 우리 경제는 그동안 대기업을 전폭적으로 지원해왔다. 대기업의 부실에 울며 겨자 먹기로 공적 자금을 투여하고, 그들의 불공정한 관행을 눈감아왔다. 그 와중에 그 피해는 고스란히 일하는 사람들의 몫이 되어야만 했다.

지난 외환위기 당시 국민들은 금을 모았고, 노동자들은 일자리를 헌납했고, 가계는 허리띠를 졸라맸다. 그러나 대기업들은 그 인고의 대열에 합류하지 않았다. 체질을 개선하지 않았고, 동반 상생의 전략을 실행하지 않았다. 그리고 그 이유는 누가 뭐래도, 한국의 기업문화에 사람 중심의 가치가 결여되어 있기 때문이다.

4차 산업혁명은 그 어느 때보다 혁신과 창의, 선택과 집중, 동반과 상생을 요구하고 있다. 4차 산업혁명 성공의 전제조건은 성장의 도구로 전락해버린 사람을 존중하는 사회·기업문화이다. 대기업은 협력업체를 말 그대로 파트너, 생존의 동반자로 인식해야 하며, 정부는 허울뿐인 숫자가 아니라, 한 사람 한 사람을 위한 구체적인 정책에 집중해야 한다. 숫자의 경제가 아니라, 사람의 경제여야 하는 것이다.

코피티션

4차 산업혁명의 가장 큰 특징은 소통과 상생이다. 이는 곧 기업 내부에만 해당되는 이야기가 아니다. 기업과 기업의 협업 및 융·복합을 의미한다. 이제 모든 기업이 서로를 시장의 파이를 키우는 동반자로 인식해야 한다.

동반자적 관계라는 것이 그저 평화롭기만 한 초원을 의미하는 것은 아니다. 공정한 경쟁관계! 즉 이른바 코피티션(Coopetition)이 활발한 경제 생태계를 가리킨다. 코피티션은 협업, 협동을 뜻하는 'cooperation'이라는 단어와 경쟁을 뜻하는 'competition'의 합성어로 기업 간에 협력할 부분은 서로 도와가면서 공정하게 경쟁하는 것을 일컫는다.

가장 먼저 정부가 기업들이 활동하는 운동장을 어느 한쪽으로 기울지지 않게 하고, 공정한 규칙이 적용되도록 관리해야겠지만, 기업들도 서로를 협력 관계로 인식하고 산업 전체 성장을 위해 경쟁해야 한다. 이는 한가한 소리가 아니다. 4차 산업혁명 시대의 생존 법칙이다.

4차 산업혁명으로 인해 원천기술을 가진 선도기업과 그렇지 않은 기업 간의 격차가 더욱 커질 것이 자명하다. 원천기술은 산업 전반에 대한 이해와 더불어 서로 긴밀하게 협업하고 건강하게 경쟁하는 과정에서 탄생한다. 즉, 코피티션이야말로 원천기술을 확보하지 못해서 선도기업의 들러리로 전락하는 것을 막는 전제조건인 셈이다.

더 나아가 이 생태계의 당당한 일원으로 소비자를 대접해야 한다. 기업은 일자리가 단순히 직원을 고용하는 것이 아니라 소비자를 함께 키우는 것임을 유념해야 한다. 실리콘밸리에서 기본소득이 주창되고 있는 것도 결코 우연은 아니다. 성장에 의한 부와 발전된 생산량을 분배하고 안배하여 상생하는 코피티션의 태도가 필요하다.

PART TWO

도는 언제든지 억지로 일을 하지 않는다.
그러나 안 된 것이 없다.
임금이나 제후가 이를 지키면 모든 것은
장차 저절로 이루어질 것이다.
_『도덕경』 37장 중에서

7

숫자의 경제가 아니라
사람의 경제

글로벌리즘과 내셔널리즘이 서로 충돌하며 소용돌이치는 세계정세 속에서 우리는 오랫동안 곪아온 특별한 내부 문제와 맞닥뜨렸다. 경제 성장이라는 이름으로 방치해온 정부와 기업 간의 유착관계가 만천하에 민낯을 드러낸 것이다. 정부뿐만 아니라 법을 수호해야 하는 검·경찰, 언론 등이 '돈'을 매개로 서로서로의 이권을 챙겨줬다는 사실은 최장시간을 노동하고, 유례없는 실업률에 시달리며, 정규직과 비정규직 차별 등 노동환경은 최악으로 치닫고 있는 현실을 감내해야 하는 보통 사람들을 분노하게 만들었다.

사실 정경유착이라는 문제가 어제오늘 일은 아니었다. 정경유착은 곪을 대로 곪아 오히려 경제 성장의 발목을 잡아왔고, 국민들은 이 고질적인 문제를 이대로 방치했다간 나라 전체의 근간이 썩어 무너질지 모른다는 위기감에 사로잡혔다. 나아가 권력을 사유화한 정권과 이에 야합해 이익을 꾀한 기업이 무엇보다 사람들의 공정한 기회까지 빼앗았다는 박탈감은 분노로 이어졌다.

그리고 그 분노는 들불처럼 일어나 새로운 희망으로 번졌고, 결국 대통령 탄핵이라는 헌정 사상 초유의 상황을 이끌었다.

그러나 그것은 어디까지나 절반의 승리일 뿐, 광화문 광장엔 촛불혁명은 지금부터 시작이라는 말이 메아리쳤다. 그리고 대한민국의 4차 산업혁명은 그 역사적 전환의 한복판에서 태동을 준비하고 있다.

새로운 출발선 앞에 선
우리의 자화상

성장의 동력은 사람이고, 사람의 동력은 일자리에서 비롯한다. 그리고 일자리가 행복하지 않으면 사람은 행복할 수 없다. 일자리 개수 자체를 늘리는 것도 중요하지만 어떤 일자리를 만드느냐도 중요한 이유다.

지금까지 우리 사회는 일자리 혹은 일 자체가 사람들 더 나아가 사회 전체에 어떤 영향을 끼치는지 간과해왔다. 일은 먹고사는 문제를 해결하는 수단이거나, 혹은 적당한 임금을 지불하면 일을 시킬 수 있다는 생각이 지배적이었다.

물론 좋은 일자리가 높은 임금을 받는 자리와 등가인 것은 아니다. 노동 강도 높은 일자리가 그렇지 않은 일자리에 비해 항상 나쁜 것도 아니다.

그러나 똑같은 일을 하는데, 정규직과 비정규직이라는 차이로 다른 대우를 받는다면, 그것은 문제가 아닐 수 없다. 고용의 형태에 따라 마치 계급과도 같은 꼬리표가 붙는 것이 문제가 아닐 수 없다. 일자리가 때로 신분증이 돼 흔히 '갑질'로 표현되는 차별이 서슴없이 벌어지는 것도 문제가 아닐 수 없다. 우리 경제가 얼마나 기형적으로 성장해왔는지를 보여준 씁쓸한 자화상이다.

국민에게 배우다

다행스러운 건 역설적이지만 많은 사람들이 더 이상 장밋빛 미래를 약속하는 성장 신화를 믿지 않는다는 것이다. 오히려 앞만 보며 달려오느라 돌아보지 못했던 그늘에 눈길을 주기 시작했고, 나눔과 연대를 약속하자고 제안한다. 성장의 그늘을 더 이상 간과하지 않겠다는 단호한 결심을 우리는 광화문 거리에서 확인할 수 있었다. 우리는 속도 경쟁이 가팔라질수록, 숫자 경쟁이 치열해질수록 삶의 질은 곤두박질친다는 사실을 경험으로 알게 된 것이다.

스마트폰이 우리나라에 처음 등장했던 2008년은 전 세계에 금융위기가 휘몰아친 시간이었다. 정치적으로는 신자유주의를 노골적으로 지향한 정권이 들어선 해이기도 했다. 그로부터 10년이 흐르며 전 세계가 정치·경제 침체기를 거쳐오는 동안 한편에선 4차 산업혁명이 태동했다.

우리 국민들은 혁신기술들이 선보이는 미래의 징후를 누구보다 먼저 받아들였다. 그리고 사람들 속에서 4차 산업혁명은 기술혁명을 넘어 새로운 의미를 획득했다. 보수적인 정치 흐름이 거세지고 국경이 높아질수록 사람들의 연대는 더욱 견고해지고, 그 안에서 국경이라는 경계선은 희미해졌다. 지구 반대편에서 벌어진 테러 희생자를 추모하기 위해 자신의 SNS에 조기를 매달고, 대

지진이 일어난 국가를 돕기 위해 후원을 독려했다. 사람들은 당면한 국가의 문제는 물론 세계 곳곳에서 벌어지는 안타까운 일들을 위해 연대하며 현실을 변화시키기 위해 노력했다.

겨울을 녹이고 진정한 봄을 밝힌 촛불혁명에서 보았듯 어쩌면 우리 국민들은 4차 산업혁명에 대해 이미 준비가 되어 있는지도 모른다. 이제 정부와 기업이 대답해야 할 차례이다.

4대강 대운하 사업과
창조경제 사업

사람들의 변화에 대한 염원과 달리 그동안의 정부는 수많은 대책을 발표했지만 삶에 와 닿는 변화는 전무하다시피 했다. 사람들을 보다 나은 일자리로 이끌고, 기업에 누적된 문제를 개선하는 데 방향키가 되어야 할 정부 역시 그저 숫자 보여주기에 급급한 행태를 지속해왔기 때문이다. 새로운 정부가 들어설 때마다 늘 경제, 일자리는 제일 중요한 화두였다. 그러나 지난 정부가 그 일환으로 가장 중점을 둔 사업들은 어떠했는가.

이명박 정부의 4대강 대운하 사업은 처음부터 수많은 사람이 반대한 정책이었다. 경제 논리보다 환경을 보호해야 한다는 목소리가 컸는데도 밀고 나갔다. 경제적인 성과는 차치하고 파괴된 환경이 야기한 문제는 지금보다 미래를 더 걱정하게 만들었다.

박근혜 정부의 창조경제는 사람들이 처음부터 그 의미를 제대로 파악할 수 없는 정책이었다. 조 단위 예산이 투입돼 전국 각지에 창조경제센터가 설립됐다. 대기업은 정부의 손에 이끌려 투자를 했다. 하지만 창조센터에 입주한 벤처기업인들은 자신들이 받는 혜택에 대비해 제출하고 심사를 받아야 할 서류 작업이 너무 많다는 푸념을 쏟아냈다. 많은 벤처기업들이 창조경제센터를 외면하는 아이러니한 상황이 연출되었다.

저금리를 기조로 부동산에 기댄 경기 부양책 역시 국민들의 삶의 질을 엉망으로 만들었다. 이렇게 지난 10년 정부가 경제를 살리기 위해 내놓는 정책들에 대한 신뢰는 거의 바닥이었다. 여러 가지 이유가 있겠지만, 그중에서도 가장 근본적인 이유는 정부가 국민 개인들을 중심에 놓고 정책을 펼친 것이 아니라, 기업과 숫자를 중심으로 정책을 마련했기 때문일 것이다.

새 정부 정책의 대전제

새 정부의 4차 산업혁명 정책이 성공적이려면 누누이 강조하지만, 그 정책의 중심에 사람이 있어야 한다. 앞서도 살펴보았듯이, 많은 국민들이 대한민국 4차 산업혁명의 미래에 냉소의 시선을 거두지 못하는 이유는 기존의 정부들이 고수해온 낡은 패러다임에 대한 불신에 기인하고 있다.

그래서 새 정부는 일자리를 얼마 늘리겠다가 아니라 건강한 일자리를 만들 수 있는 환경을 만들겠다는 제안에서 출발해야 한다. 혁신기술 인력을 얼마큼 양성하겠다가 아니라 이들의 창의성이 공정한 경쟁을 통해 성장해나갈 수 있는 기반을 조성하겠다는 다짐에서 출발해야 한다. 청년 일자리를 몇 개 만들겠다가 아니라, 청년들이 미래를 걱정하지 않고 꿈꿀 수 있는 환경을 반드시 마련하겠다는 의지에서 출발해야 한다. 저출산 대책에 얼마를 투자하겠다가 아니라 누구나 부모 되기를 두려워하지 않아도 되는 세상을 만들려면 어떻게 해야 하는지를 고민해야 한다.

즉 새 정부의 4차 산업혁명의 로드맵에는 우리 국민

들의 보편적인 요구가 담겨야 한다. 일자리 몇 개, 성장률 몇 프로, 벤처기업 몇 개, 선도산업 몇 분야 등의 숫자가 아니라, 4차 산업혁명이라는 위기와 기회를 우리 국민들이 어떻게 넘어서고 어떻게 누릴 것인지를 먼저 사고해야 하는 것이다.

8

대한민국
4차 산업혁명
중점 과제

더불어민주당 문재인 대통령 후보 국민주권선거대책위원회 일자리위원회와 새로운대한민국위원회에서는 대한민국 4차 산업혁명의 미래를 고민하면서 다음 다섯 가지 분야에 집중했다. 그것은 인공지능, 사물인터넷, 5G 네트워크, 클라우드/빅테이터, 스마트 카와 스마트 고속도로이다. 다시 이 다섯 가지 중점 분야를 중심으로 4차 산업혁명의 로드맵을 한마디로 요약하자면 다음과 같을 것이다.

"5G와 인공지능 등 원천기술을 바탕으로 여러 산업이 융·복합해 제조업 혁신을 이끌고 공공 인력을 양성하며 나아가 빅데이터를 개방해 비즈니스 플랫폼을 구축한다." 구체적으로 다음과 같은 서비스에 인프라와 기반기술을 제공할 것이다.

- 스마트 팩토리 : 제품의 기획, 설계, 생산, 유통, 판매 등 제조업 전 과정을 ICT로 통합하여 최소의 비용과 시간으로 고객 맞춤형 제품을 생산하는 자동화 공장.

- 스마트 팜 : ICT 기술을 농업 전체 가치사슬(생산, 가공, 유통)에 적용하여 농업 분야를 혁신.

- 스마트 카 : 인터넷에 접속되어 자율주행, 인포테인먼트 등 다양한 서비스를 제공하는 지능형 자동차.

- 스마트 금융 : 인공지능 기반의 개인화된 금융 서비스와 모바일 지갑, 디지털화폐 등의 핀테크 서비스.

- 스마트 헬스케어 : 디지털 플랫폼을 통한 의사와 환자의 교류 및 인공지능 기반의 정밀 의료.

- 스마트 시티 : 도시 인프라를 사물인터넷을 통해 연결하고 인공지능, 빅데이터로 분석하여 도시 전체의 효율을 높이고 시민 편의를 향상시킴.

- 스마트 정부 : 디지털 플랫폼을 통해 시민의 참여를 보장하고 각 개인에게 맞춤형 행정 서비스를 제공.

- 스마트 그리드 : 통신망과 전력망의 결합을 통해 전력 생산자와 수요자가 거래하는 양방향 전력망.

• 스마트 에너지 : 인공지능, 빅데이터 등을 이용하여 에너지 사용을 최적으로 관리.

• 스마트 고속도로 : 차량과 도로(인프라)의 통신을 통해 사고 방지, 교통 혼잡 해소 등의 서비스 제공.

인공지능

현재 우리나라는 인공지능과 관련된 연구 및 산업 분야가 상대적으로 취약하다. 핵심 기술력은 일본에 밀리고, 시장 규모에선 중국을 따라잡기 버거운 상황인 데다 로봇 관련 스타트업도 뿌리내리지 못했다는 게 전문가들의 지적이다.

실제로 해외 인공지능 서비스와 기술 격차도 크다. 정보통신기술진흥센터의 자료에 따르면, 인지 컴퓨팅 분야에 있어 미국 대비 한국의 기술 격차는 6년, 지능형 IoT 분야와 지능형 로봇 분야는 약 4년, 스마트 자동차와 기계 학습, 딥러닝 분야는 대략 3년 정도의 기술 격차를 보이고 있다.

그러나 인프라를 형성하고 제도 규제 개혁을 동반하면, 충분히 따라잡을 수 있을 것으로 판단한다. 국제로

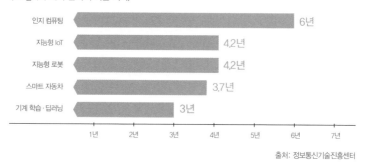

〈표2_미국 대비 한국의 기술 격차〉

분야	격차
인지 컴퓨팅	6년
지능형 IoT	4.2년
지능형 로봇	4.2년
스마트 자동차	3.7년
기계 학습·딥러닝	3년

출처: 정보통신기술진흥센터

봇협회에 따르면 한국도 로봇 분야 강국으로 꼽힌다. 세계 4위의 로봇 생산국으로, 로봇밀도는 478대로 세계 1위 수준이다. 자동차와 IT를 중심으로 제조업 생산 자동화가 빠르게 이뤄지고 있다.

인공지능은 4차 산업혁명의 중추이다. 그동안의 정보통신산업을 이끈 분야가 인터넷과 모바일 중심이었다면, 4차 산업혁명 시대의 경제는 인공지능이 핵심 동력이 될 것이다. 응용기술만으로는 성장에 한계가 있을 수밖에 없다. 원천기술 개발에 시간이 걸리더라도, 장기적인 안목을 갖고 이 분야의 연구 개발에 노력을 경주해야 한다. 정부는 또한 인공지능으로 인한 일자리 감소량 이상의 고급 일자리 창출을 목표로 삼아야 한다.

스마트 카와
스마트 고속도로

스마트 고속도로는 자율주행차를 위한 전용 도로라고 생각하면 된다. 물속을 무리지어 다니면서도 전혀 부딪히지 않는 물고기의 흐름을 연상해보라.

정부는 2021년까지 순차적인 자율주행 시스템 마련을 계획하고 있다. 우선 지능형 교통 체계를 이용한 단거리 전용 통신(DSRC, Dedicated short-range communications)과 차량과 인프라, 차량과 차량 등 상호 차량 간 위험순간을 사전에 알려주는 차량 통신을 구축한 뒤 고정밀 지도를 제작한다고 밝혔다. 이렇게 자율주행 시스템이 구축되면 자율주행차가 전용으로 다닐 수 있는 스마트 고속도로를 구축할 수 있을 것이다.

스마트 고속도로는 단순히 운전자가 없는 자동차 시대를 여는 것뿐만 사회 전반에 걸쳐 커다란 변화를 불러일으킬 것이다. 먼저 자율주행차는 탈것에 대한 고정관념을 바꿀 것이다. 자율주행차는 안전만 검증된다면, 노인, 장애인 등 소외계층도 쉽게 접근할 수 있는 편리를 도모할 것이다. 또한 자율주행 전용 고속도로 등을 바탕으로 무인 화물차 등이 운송, 유통 등 산업 전반에 일대 변화를 일으킬 것이다. 또한 교통정보센터에서 자율주행차에 실시간으로 교통 상황과 차량 정보를 제공하기 때문에 오히려 교통사고가 줄어들고, 환경 문제도 개선할 수 있을 것이다.

이러한 변화는 생각보다 빨리 우리 앞에 펼쳐질 가능성이 높다. 실제로 자동차 업체들의 기술 개발 발전 속도는 눈부시도록 빠르다. 아우디, 벤츠, BMW, 애플, 구글 웨이모(Waymo)는 2020년 내에 상당한 수준의 상용화를 목표로 하고 있다. 또한 IHS 오토모티브에 따르면 2025년 23만 대, 2035년에는 1,180만 대, 2050년에는 8,000만 대로 자율주행차 시장을 전망하고 있다. 정부에게는 이 혁신기술이 마음껏 달릴 수 있는 길, 즉 그 기반을 닦아주는 것이 급선무이다. 먼저 차세대 ITS(intelligent transport systems, 전자, 정보, 통신, 제어 등의 기술을 접목한 지능형 교통 시스템) 구축 및 관련 법과 제도를 정비해야 할 것이다. 스마트 고속도로 구축으로 자율주행 플랫폼을 완성해야 한다.

사물인터넷

사물인터넷은 이러한 기술들을 떠받칠 인프라 역할을 할 것이다. 지난 시기가 PC의 시대이자 스마트폰의 시대였다면, 4차 산업혁명은 상상할 수 없을 정도로 많은 디바이스들이 서로 연결된 시대이다. 2020년 서로 연결된 디바이스는 무려 300억 개로 전망되기도 한다.

사물인터넷의 키워드들은 연결성, 지능형, 센서, 저장 장치, 클라우드, 빅데이터 등이다. 한마디로 IoT 데이터에 대한 접근과 분석을 통해 생성된 특별한 부가가치를 제공하고 누리는 세상, 초연결 사회인 셈이다. 세계의 기업들은 스마트 에너지 솔루션, 스마트 홈 케어, 건강 관리 모니터링 등 사물인터넷을 활용한 다양한 서비스를 구상하고 있으며, 이미 제공하고 있다.

소프트웨어정책연구소(SPRI)에 따르면 센서 산업으로 인해 2020년 기준 약 8조 3,000억 원의 생산 유발 효과가 있고, 약 2조 3,000억 원의 부가가치가 유발될 것으로 보인다. 하드웨어와 소프트웨어는 물론 서비스가 동시에 필요해, 2025년 기준 10만 명의 관련 일자리를 창출할 것으로 예상된다.

정부는 보다 저렴한 통신 비용으로 보다 빠르고 많은 데이터를 이용할 수 있도록 환경을 마련해야 할 것이다. IoT 통신망 등 고부가 가치 산업 활성화에 정책 방향을 맞춰야 한다.

5G 네트워크

사물인터넷을 구축할 수 있는 인프라가 통신 네트워크다. 현재 LTE가 5G 네트워크로 조속히 대체될 것이라는 전망은 공통된 의견이다. 한국전자통신연구원(ETRI) 산업전략연구부에 따르면 세계 이동통신 시장은 2013년 1조 4,448억 달러에서 연평균 3.2퍼센트의 성장률을 기록했다. 2018년에는 1조 6,891억 달러 수준에 이를 전망이며, 국내 이동통신 시장은 2013년 37조 원에서 2018년 42조 원의 시장 규모를 형성할 전망이다. 또한 2014년 5월 기준 5,641만 명(가입률 111.5퍼센트)인 이동통신 가입자 수는 1인 다회선 이용자 수의 확대로 2018년경에 6,830만 명(가입률 130퍼센트)으로 증가할 전망이다. 아울러 5세대 이동통신(5G)은 이러한 발전 속도를 더욱 가속화할 전망이다.

실제로 3대 이동통신 기업은 세계에서 5G 기술을 가장 빨리 구축할 수 있을 것으로 판단하고 있다. 우리는 세계에서 가장 빠른 인터넷 속도를 자랑한다. 산이나 섬, 바닷가에서도 스마트폰으로 인터넷에 접속할 수 있는 국가는 드물다. 통신 네트워크 기술은 우리가 강점을 가진 분야이다.

지난 15년 동안 네트워크 용량은 최대 20배 커졌다. 5G는 반응속도가 4G나 LTE보다 100배 이상 빠르다. 영화 한 편을 다운로드 받는 데 몇 초면 가능한 속도이다. 이런 네트워크 환경 속도 변화는 4차 산업혁명 관련 기술과 환경이 변화하는 속도를 더욱 가속화하게 만들 것이다. 사람들은 실시간으로 네트워크 환경에 접속돼 모든 정보를 공유하고 있다. 이미 구축되어 있는 통신 네트워크 환경을 바탕으로 5G 기술을 선점한다면 세계 어느 나라보다 역동적인 국민들과 더불어 더 다양한 4차 산업혁명 관련 기술들과 소프트웨어가 개발될 것이다.

빅데이터

결국 정부는 이 모든 혁신기술이 자리 잡을 수 있는

플랫폼을 추구한다고 볼 수 있다. 플랫폼의 사전적 의미는 기차역 승강장을 뜻하지만, 포괄적으로는 사람들이 만나 서로가 원하는 가치를 교환할 수 있는 수단이자 교역의 중심, 크게는 그 환경을 의미한다.

정부는 정부 차원의 일명 '공공 빅데이터'를 설립, 정보를 통합 관리하는 인프라를 구축해야 한다. 진정한 의미의 정부 4.0으로 진화할 수 있는 정책을 확대해야 하는 것이다. 중앙 정부와 지방 정부, 공공기관 및 출연연구소가 함께하는 공공정보 통합 관리 시스템을 구축, 빅데이터를 수집, 저장, 정제, 분석, 지식화해야 한다. 여기에 경제 주체들이 자유롭게 참여, 아이디어를 생산하고 공유할 수 있어야 한다. 아울러 단계적으로 인공지능, 빅데이터 분석, 전자화폐 등을 플랫폼에 적용해 더 쉽고 스마트한 창업 환경을 만들기 위해 노력해야 한다. 이런 빅데이터 인프라가 가능하다면, 청년층과 장년층의 맞춤 창업 및 취업 지원 사업이 더욱 활성화될 것이다.

다만 흐름을 관장하되 인위적이어서는 안 된다. 정보의 공유와 보안 문제 역시 각별한 주의를 기울여야 할 것이다. 정부의 플랫폼은 열차 자체가 되어서는 안 되고, 수많은 열차가 안전하게 들어오고 나갈 수 있고 승

객이 길을 잃지 않고 안전하게 내릴 수 있는 공간이 되어야 한다. 나무가 자랄 수 있는 토양이 되어야 하는 것이다.

9

정부는 추진자이자
조력자가 되어야 한다

정부가 정부의 자격과 역할에 대해 오해할 때 경제 생태계와 시장은 그 건강한 기능을 상실하고 만다. 한마디로 정부는 정책의 가치의 방향은 주도해야 하지만, 그 구체적인 실행에 있어서는 철저히 조력자의 입장을 견지해야 한다. 그래서 정부는 정답을 만들어 제시하는 방법보다는 오답을 지워나가는 방식을 채택하는 편이 오히려 바람직할 수도 있다.

조력자이자
추진자로서의 정부

조용한 추진자이자 활발한 조력자로서의 정부의 역할

을 정리하면 다음과 같다.

마중물

첫째, 정부는 4차 산업혁명의 흐름을 순환시키는 마중물이 되어야 한다. 마치 물을 끌어올리기 위해 위에서 붓는 마중물처럼, 앞서 언급한 중점 과제를 적극적으로 추진해야 한다. 중소·벤처기업 및 스타트업들이 실패를 두려워하지 않고 도전할 수 있도록 안전한 환경을 만들어주어야 한다.

합리적 규제

둘째, 정부는 이 흐름에 걸림돌이 되지 않도록 네거티브 규제(네거티브 방식은 '원칙 허용, 예외 금지' 형태의 규제방식이다. 다시 말해, 행위를 원칙적으로 허용하되 금지되는 행위만 예외적으로 규정하는 원칙 허용 시스템이다. 반대로 포지티브 규제는 허용되는 행위만 예외적으로 규정하는 방식이다)를 도입해야 한다. 불공정거래, 기회 불평등, 비생산적인 규제와 제도 등을 개혁하고 효율적이고 합리적인 제도를 마련해야 한다. 나아가 관료주의를 타파하고 각 분야별 컨트롤타워를 확립해 전문가에 의한 과학적 정책 검증이 이루어질 수 있도록 해야 한다.

공정한 환경

셋째, 공정한 환경을 만드는 일을 제외한 시장 개입을 최소화하고 기반 기술 투자 및 창업 인프라 등 기초 환경을 구축해야 한다. 이는 민첩하게 특정 기술을 개발할 수 있는 중소·벤처기업과 스타트업을 양성해야 하는 과제와 맞닿아 있다. 대기업, 중소·벤처기업, 스타트업의 역할을 적절하게 분담하고 서로 상생할 수 있는 여건을 만들어주어야 한다. 나아가 창업 생태계를 건강하게 육성해 기업과 사람들이 기술 중심으로 거침없이 이동할 수 있도록 유도해야 한다.

인재 양성

넷째, 하루 빨리 창의적 인재 양성에 국가의 역량을 집중해야 한다. 암기식·주입식 교육에서 벗어나 개인 역량을 배가할 수 있도록 창의성을 개발하며, 물론 미래를 자유롭게 꿈꾸고 사람의 가치를 되새기는 열린 교육을 지향해야 한다.

도덕적 책임

다섯째, 정부는 반드시 도덕적이어야 한다. 지난 정부에서 우리는 '세월호'라는 참혹한 재난을 경험했다. 숱한 희생자를 낳은 참사에서 그 누구도 책임을 지는 사람은 없었다. 국민들이 분노한 것은 참혹한 재난도 재난이지만, 그 재난을 해결하는 데 무능했고, 진상을 규명하는 데 소홀하고, 오히려 은폐하려 했던 정부의 부도덕 때문이었다. 정부의 도덕은 소통과 책임이다.

지난 정부들의 반복된 시행착오

정부가 지금까지 추진해온 정책부터 개선해야 할 여지가 많다. 지난 정부는 4차 산업혁명 관련 8대 유망 직종을 선정한 바 있다. 스마트 기계 자동화, 스마트 에너지 제어, 바이오 제약, 가상 증강현실 시스템, 드론 제작

관리 운영, 스마트 금융 시스템(핀테크), 스마트 팜(농업), 스마트 자동차가 그것이다. 그리고 저마다 명칭은 다르지만 이 유망 직종과 관련된 수많은 정책들이 발표되고 실행됐다. 하지만 현실은 어떠했는지 따로 설명하지 않아도 알 것이다. 모두 정부가 주도하려 들거나, 지나치게 간섭했기 때문이다.

또한 보여주기식 관행으로 숫자에 치중한 나머지, 정부 정책의 혜택은 실적이 검증돼 성장치 또한 가늠할 수 있는 기업에만 치중되었다. 지금부터라도 가능성을 품고 미래를 향해 나아가는 혁신기업을 활성화할 수 있는 방향으로 선회해야 한다. 동시에 이러한 혁신기술 기업들이 제 실력을 발휘할 수 있도록 데이터센터나 통신망, 사물인터넷 같은 인프라를 우선 확충하는 액셀러레이터 역할을 해나가야 한다.

선명한 컨트롤타워

또한 선명한 컨트롤타워를 마련해야 한다. 자율자동차 분야만 보더라도, 국토부, 미래부, 산업자원부가 연계돼 있다. 자율주행차가 다닐 도로, 기술, 지원 등이 저

〈표3_4차 산업혁명 실행계획〉

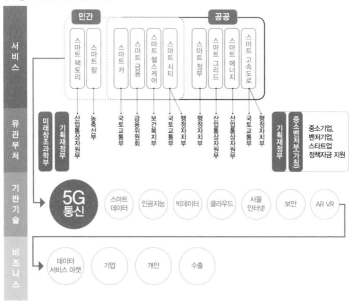

마다 다른 목표치를 설정하고 방향이 다르다. 벤처기업 창업과 관련해서도 창업과 지원, 보고 등 관리하는 부처가 다르다. 컨트롤타워가 부재한 것이다. 여기에는 사실 통폐합을 하면 자기 몫이 없어질지도 모른다는 두려움이 자리하고 있다. 하지만 컨트롤타워를 중심으로 서로 효율성을 발휘한다면 더 큰 성과가 창출될 것이다. 정부 조직부터 혁신을 두려워해선 안 된다.

플랫폼 구축

또한 기본 토양을 구축해야 한다. 농사는 가꾸는 사람의 노력만큼 기본적인 토양이 무엇보다 중요하다. 자금만을 투입한다고 해서 토양이 만들어지지는 않는다. 오히려 세금이 엉뚱한 곳에 낭비된 사례가 수없이 많다. 무엇보다 기업이 스스로 성장할 수 있는 환경을 만들어주는 것이 더욱 중요하다. 투자자와 창업자가 서로 연계할 수 있는 플랫폼을 구축해야 한다. 이것이야말로 마중물로서의 정부의 역할일 것이다.

10

포지티브 규제에서
네거티브 규제로

플랫폼 다음은 무엇일까? 바로 규제 개선이다.

호텔을 하나도 소유하지 않았지만 세상에서 가장 큰 호텔 업체가 있다. 택시를 단 한 대도 소유하지 않았지만, 세상에서 가장 큰 택시 업체가 있다. 바로 에어비앤비(Airbnb)와 우버(Uber)이다. 에어비앤비와 우버는 작은 아이디어 하나로 새로운 형태의 비즈니스 모델을 창출, 놀라운 속도로 성장하며 시장의 선도자로 자리 잡았다.

모바일 기술 및 IT 인프라를 통해 소비자의 수요에 즉각적으로 제품 및 서비스를 제공하는 일종의 '온디맨드(On-Demand)' 마켓은 소자본으로도 창업이 가능하다. 그런데 왜 우리나라에서는 이런 기업은 탄생하지 않는 걸까? 우리의 모바일 기술이 떨어지는 걸까? IT 인프라가 제대로 구축되지 않아서일까? 그것도 아니라면 창업 아이디어와 능력이 뒤처진 걸까?

감히 그것은 규제 때문이라고 생각한다.

지난 정부의 창조경제혁신센터에서는 아이러니 한 풍경이 연출되었다. 임대료를 아끼려고 입주한 기업이 '페이퍼 워크'만 전담하는 직원을 채용해야 했던 것이다. 공무원들이 자본과 권력을 쥐고, '규제 집행자' 역할에 매몰되어 있었기 때문이다. 입주 기업들을 고객사라고 생각하고 뭐가 불편한지 살피면서, 규제는 치워주고 필요한 부분은 촉진해주는 조력자 역할을 했다면 이러한 상황은 빚어지지 않았을 것이다. 실제로 많은 중소·벤처기업과 스타트업이 정부 지원 사업을 오히려 꺼리는 웃지 못할 상황이 벌어지기도 했다.

정부 지원 사업뿐만이 아니다. 마치 4대강의 보처럼, 지나친 간섭과 규제들이 스타트업의 성장 흐름을 방해하고 있다. 지난 10년 동안 쓸모없는 규제를 철폐하겠다는 목소리가 높았지만, 실제로 드러난 수치는 이와 역행한다.

네거티브 규제의 필요성

4차 산업혁명 관련 분야는 네거티브 규제를 도입해야 한다. 혁신기술로 무장한 스타트업을 육성하기 위해서는 하지 말아야 할 것만 빼놓고는 다 할 수 있게 하는 네거티브 규제 적용 범위를 늘리는 게 시급하다.

예를 들어 중소·벤처기업, 스타트업은 인수합병(M&A)을 통해 성장 동력을 삼는 경우가 많다. 성공한 중소·벤처기업 스타트업이 기업 공개(IPO, 주식공개상장, 기업이 최초로 외부 투자자에게 주식을 공개 매도하는 것으로 보통 코스닥이나 나스닥 등 주식시장에 처음 상장하는 것을 말한다) 장벽을 낮춰주고, 대기업의 중소·벤처기업 스타트업 인수합병을 활성화해서 엑시트 시장(Exit market, 나스닥에 상장하기 이전의 중소·벤처기업 스타트업이 투자회수를 위해 주식을 거래하는 인수합병 시장이다. 자금력이 우수한 기업이 기술은 뛰어나지만 경영력이 없는 기업을 전략적으로 인수할 수 있는 시장이다) 장치를 마련해주는 것도 중요하다.

사실 우리나라는 아직 지적재산권(IP) 등 새롭게 개발한 아이디어나 제품에 대한 가치를 충분히 인정하지 않는 사회적인 분위기가 만연하다. 인텔에 17조 원에 인수

〈표4_정부별 벤처기업 증감 추이〉

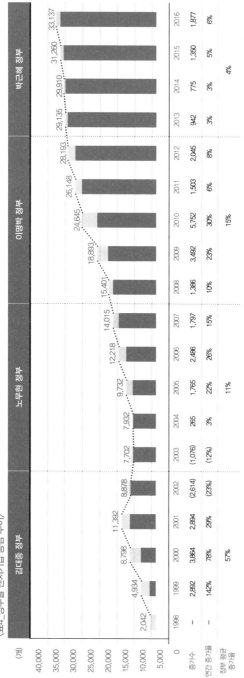

(개)	1998	1999	2000	2001	2002	2003	2004	2005	2006	2007	2008	2009	2010	2011	2012	2013	2014	2015	2016
벤처기업 수	2,042	4,934	8,798	11,392	8,878	7,702	7,932	9,732	12,218	14,015	15,401	18,893	24,645	26,148	28,193	29,135	29,910	31,260	33,137
정부	김대중 정부				노무현 정부					이명박 정부					박근혜 정부				
증가수	–	2,882	3,864	2,894	(2,614)	(1,076)	265	1,765	2,486	1,797	1,386	3,492	5,752	1,503	2,045	942	775	1,350	1,877
연간 증가율	–	142%	78%	29%	(23%)	(12%)	3%	22%	26%	15%	10%	23%	30%	6%	8%	3%	3%	5%	6%
정부 평균 증가율			57%			11%					15%					4%			

전체 평균 성장률 : 21%
최근 10년 평균 : 11%

*벤처기업 수 : 벤처기업협회 등록 기준

■ 증가 벤처기업 수   ■ 축적 벤처기업 수

<표5_정부별 기업 규제 변화 추이>

	김대중 정부				노무현 정부					이명박 정부					박근혜 정부		
(개)	1998	1999	2000	2001	2002	2003	2004	2005	2006	2007	2008	2009	2010	2011	2012	2013	2014	2015
규제 개혁 수	–	3,078	382	(336)	(298)	(161)	(120)	(190)	(67)	2,968	(70)	(5,864)	(1,070)	(1,027)	(767)	(882)	(509)	617
규제 개혁 증감		2,826					2,430					(8,798)				(774)		

*연도별 등록 규제 : 규제 정보 포털, 전국경제인연합회, 허승논문 기준

〈표6_스타트업과 일자리 수〉

연도	2016	2017	2018	2019	2020	2021
스타트업 수	33,137	39,764	47,717	57,261	68,713	82,455
일자리 수 (평균 23.3명)	772,092	926,511	1,111,813	1,334,175	1,601,010	1,921,,212
신규 일자리 수	0	154,418	185,302	222,363	266,835	320,202

총 신규 일자리 수 : 1,149,120   연간 증가율 : 20%

된 모빌아이도 그렇고, 구글도 M&A를 통해 성장했다. 그러나 이제까지 성공한 중소·벤처기업, 스타트업의 가능성을 잠식하는 구조로 M&A가 이루어진 것도 부인할 수 없다. 따라서 비즈니스 포트폴리오가 부족하면 M&A를 통해 보강하고, 그 아이디어와 사업 계획을 가진 개인이나 중소·벤처기업, 스타트업에 충분한 보상을 하고, 동반 발전할 수 있는 선순환의 구조를 만들어줘야 한다.

얽히고설킨 각종 규제들도 M&A 활성화를 가로막는 장애물로 꼽힌다. 적대적 M&A를 막기 위해 생긴 규제들이 오히려 긍정적인 M&A 활성화의 발목을 잡는 양상인 것이다. 신산업 분야에서 네거티브 규제 도입이 더욱 절실한 이유다.

현장 중심의 정책

중소·벤처기업, 스타트업이 "이런 문제는 개선해달라"고 요구하면, 현장의 목소리를 듣고 즉각적으로 판단해 관련 제도를 개선해야 한다. 한창 한류 붐이 불 때 공인인증서와 관련된 해프닝을 우리는 기억하고 있다. 불필요한 인증 절차를 과감하게 없애, 모든 인증서가 시장에서 차별 없이 경쟁할 수 있도록 해야 한다. 플러그인(plugin)은 사이트나 프로그램을 이용하기 위한 일종의 추가 기능으로, 컴퓨터 이용자들이 플러그인으로 불편을 겪어오기도 했다. 먼저 정부가 관리하는 모든 사이트에서 액티브엑스(ActiveX)부터 없애야 한다. 새로 제작하는 정부·공공 사이트는 예외 없이 노 플러그인(No-plugin) 정책을 관철해나가야 한다.

규제를 들어낼 때는 한번에 확 도려내야 한다. 어디 하나만 떼어내면 불완전하고 또 다른 문제가 불거지기 마련이다. 신중하게 그러나 획기적으로! 이 원칙이 규제 개혁의 원칙이 되어야 할 것이다. 그리고 장기적으로는 금지된 것만 빼고 모든 것을 다 할 수 있는 생태계가 마련돼야 한다.

다시 한 번 강조하지만 지난 10년간 늘어난 일자리의 약 90퍼센트를 중소·벤처기업, 스타트업이 만들었다. 이 척박한 환경에서도 말이다. 얼마나 많은 가능성이 꿈틀거리는지 알 수 있는 대목이다. 중소·벤처기업, 스타트업들이 자신들의 역량을 마음껏 펼칠 수 있는 판을 만들어주어야 한다.

11

가능성이면 충분한
생태계 조성

지난해 기준 벤처기업 숫자는 3만 3,117개로 증가율이 해마다 낮아지고 있다. IT 기업 창업 붐이 일었던 1998년부터 2007년까지 증가율이 30퍼센트에 육박한 데 비해, 지난 10년 동안 증가율은 10퍼센트 내외에서 정체되고 있는 것이다. 스마트폰 활성화 등으로 전 세계에서 혁신기술로 무장한 스타트업이 눈에 띄게 증가하고 있는 흐름과는 반대된 수치이다.

플랫폼이란 이런 것이다

일자리위원회 위원장으로 있으면서 용산전자상가에 자리한 N15라는 스타트업을 찾아간 적이 있다. 한때 국내 최대 전자, 전기, 컴퓨터 제품을 개발부터 수리하고 판매하며 메카 노릇을 했던 이곳은 어느 순간부터 사양길에 접어들었다. 그런데 퇴락한 장소라고 생각했던 이곳에 최근 주목받는 젊은 스타트업이 속속 모여들고 있었다. 일명 '도깨비 상가'로 불렸던 이곳은 주로 게임과 소프트웨어 상점이 있던 곳이었다.

스타트업 빌더이자 하드웨어 액셀러레이터로 자처하는 N15는 주로 기업을 대상으로 하드웨어 관련 컨설팅을 수행하고, 하드웨어 관련 스타트업을 발굴·육성하는 일종의 플랫폼 역할을 하고 있다. 실제로 서울 시는 물론 미국, 중국 등 기업과 업무협약을 맺고 유치하는 등 활발히 움직이고 있다. 홀로 서기를 하는 많은 젊은 인재들이 이 플랫폼을 통해 아이디어를 제시하면 그 아이디어를 구체적으로 실현할 수 있는 솔루션을 함께 모색하는 구조이다. 이 어둠침침한 지하 공간이 인큐베이터가 돼 4차 산업혁명의 미래를 구현하는 곳으로 움트고 있는 것이다.

N15는 젊은 인재들이 자발적으로 기획해낸 공간이다. 정부에서 육성한 화려한 겉모습을 가진 그 어떤 기술단지에 견주어도 열정과 가능성, 그리고 역량이 뒤떨어지

지 않았다. 이곳을 후원하는 사람들 역시 대한민국 젊은
인재들의 가능성을 믿고 북돋아주고 있었다.

변하지 않은 20년

혁신기술을 무기로 뛰어드는 스타트업이 창업할 수
있는 세계의 문턱은 점점 낮아지고 있다. 실리콘밸리만
하더라도 이전에는 많은 창업비용이 필요했지만, 지금
은 5,000달러밖에 들지 않는다. 하지만 현재 우리나라는
창업을 준비하는 인재들이 씨를 뿌려도 싹이 트기 힘든
황무지와도 같다. 무엇보다 스타트업을 지원하는 토양
자체를 건강하게 만드는 작업이 시급하다.

대한민국 벤처기업 육성 정책은 1997년 김대중 정부
에서 만들어졌지만, 지난 20년 동안 크게 바뀌지 않았
다. 첫째 벤처기업은 중소기업창업투자회사의 투자를
받거나, 둘째 기업부설연구소를 보유해 정부기관에서
사업성 평가를 받거나, 셋째 기술보증기금의 기술성을
평가를 통해 대출을 받고 인정되는 식이다.

그런데 아무리 혁신기술을 확보해도 투자자들은 신
생기업에 투자를 꺼린다. 또한 연구소를 설립하기도 쉽

지 않다. 그래서 신생기업들은 벤처기업으로 등록하기 위해 세 번째 요건에 집중했다. 문제는 벤처기업으로서 정부 지원을 받기 위해 불필요한 대출을 받아야 한다는 아이러니한 상황이 발생한다는 것이다. 또한 그 인증 역시 절차는 지난하고, 지속적이지 못하다.

스타트업에 비옥한 토양을

지난 4월 한국전자통신연구원에서 언론에 보도자료를 배포했다. 국내 연구진이 한국어뿐 아니라 영어와 일본어, 중국어 등 9개 언어의 음성을 인식하는 기술을 개발했다는 것이다. 이 기술은 구글과 비교하면 한국어 인식률은 96퍼센트로 우위에 있고, 다른 언어의 인식률은 90~95퍼센트 정도로 비슷한 수준이라고 했다. 의아했던 건 이 기술 개발이 이미 몇 년 전에 이뤄졌다는 사실이다. 하지만 대기업은 저마다 독점을 원했고, 정부 방침상 불가능했기 때문에 기업들은 저마다 기술을 개발하거나 다른 외국 기업에서 기술을 빌려와야 했다.

지금까지 정부는 국가 주도로 스타트업 숫자를 늘리는 '보여주기' 성과에만 집중했다. 투자와 창업은 민간이 중심이 되지 않으면 한계에 봉착할 수밖에 없다.

4차 산업혁명은 원천기술 확보가 무엇보다 시급하다. 페이스북이 새로운가. 우리에게는 그보다 훨씬 먼저 아이러브스쿨, 싸이월드 같은 인맥 기반 인터넷 서비스가 있었다. 수많은 가능성을 가진 스타트업에 비옥한 토양을 제공해준다면 얼마나 큰 성과를 낼 수 있을지 우리는 이미 알고 있다.

12

엔젤 투자의 활성화와
재교육을 통한 창업

중소기업청이 초기 단계 스타트업을 지원하기 위해 구축하고 있는 팁스(TIPS, Tech Incubator Program for Startup)는 '민간 투자 주도형 기술 창업 지원' 프로그램이다. 팁스는 엔젤 투자(angel investment, 자금이 부족한 신생 벤처기업에 자본을 투자하고 주식을 대가로 받는 개인 투자자들의 모임으로, 출발하는 기업 입장에서 천사 같은 투자라 해서 이런 이름이 붙었다) 및 벤처캐피털(VC) 등으로 구성된 민간이 스타트업을 발굴하면, 중소기업청이 연구개발 자금을 지원하고 뒷받침하는 구조이다. 엔젤 투자회사는 초기 위험 부담을 안고 스타트업에 투자하는 대신 지분을 확보할 수 있다. 단 스타트업의 경영권을 보호하기 위해 지분 참여율은 40퍼센트로 제한하고 있다. 중소기업청은 올해에도 팁스 운영사를 10곳 안팎에서 추가로 선정한다고 밝힌 바 있다.

하지만 이런 노력에도 불구하고, 여전히 여러 규제가 민간투자를 방해하고 있다. 실제로 많은 스타트업 관계자들은 투자자를 만나기 어려운 환경을 가장 큰 고충으로 꼽고 있다. 투자자에게 보다 쉽게 가능성 있는 스타트업을 발굴하고 투자할 수 있는 환경을 조성해 주어야 한다. 현재 스타트업에 투자하는 엔젤 및 초기 투자자들은 최대 12년이 걸리는 IPO(Initial Public Offering, 비상장기업이 유가증권시장이나 코스닥시장에 상장하기 위해 법적인 절차와 방법에 따라 주식을 불특정 다수의 투자자들에게 팔고 재무 내용을 공시하는 것)를 통한 회수를 기다려야 한다. 이 긴 회수 기간이 초기 투자자의 활성화를 가로막고 있다.

창업에 관한 다양한 교육 서비스

스타트업 육성과 더불어 창업에 관한 교육 또한 활성화해야 한다. 평생직장 개념이 사라지고 고용불안이 심화되면서, 일찍 직장에서 은퇴한 사람들은 어쩔 수 없이 퇴직금을 밑천으로 프랜차이즈 등 소자본 창업에 투신한다. 하지만 대부분 음식, 소매업 등에 집중된 창업은 3년 동안 생존할 확률이 채 30.3퍼센트에 지나지 않는다. 정부는 이들이 보다 다양한 비즈니스 분야에서 보다 내실 있는 창업을 준비할 수 있도록 교육하는 방안을 모색해야 한다.

정부가 주도해 교육 프로그램을 만들 수도 있겠지만, 민간에서 전문적인 기술을 가르치는 것을 지원하는 방식도 도모할 필요가 있다. 정부가 일정한 틀 속에 끌어들여 창의성을 규격화하는 것보다 기존의 민간 프로그램의 전문성을 심화하고 융·복합하는 방향으로 지원하는 것도 나쁘지 않다. 그리고 정부는 정보 접근성이 상대적으로 떨어지는 소외계층의 교육에 집중해야 한다. 4차 산업혁명은 어쩔 수 없이 기존 일자리를 요동치게 만들 것이다. 이를 일자리의 종말이 아니라, 일자리의 대전환으로 만들려면, 변화하는 노동시장에 대처할 수 있도록 교육 기회를 제공하는 역할에 최선을 다해야 할 것이다.

재도전의 환경 조성

 통계청이 발표한 '2015년 기업 생멸 행정 통계'에 따르면 2015년에 생긴 기업 중 현재까지 남아 있는 기업은 39퍼센트에 지나지 않는다. 세 곳 중 한 곳만 살아남고 나머지는 폐업했다는 것이다. 이는 OECD 회원국 26개국 중 꼴찌에 가까운 25위에 해당하는 수치다. 우리 기업 1년 생존율은 62.6퍼센트, 2년 생존율은 47.5퍼센트로 떨어진다. 절반 넘는 기업이 2년을 넘기지 못하고 시장에서 사라진다. 스웨덴(75퍼센트), 영국(59퍼센트), 미국(58퍼센트), 프랑스(54퍼센트), 독일(52퍼센트) 등에 비해 크게 떨어지는 비율이다.

 구체적으로 2014년 한 해 동안만 전국에서 77만 7000개의 기업이 문을 닫았다. 이 가운데 서민들이 소자본으로 진입하는 숙박, 음식점 등은 상황이 더 심각하다. 업종별로 보면 3년 생존율은 숙박·음식점이 30.3퍼센트로 가장 낮았고, 도·소매 35.0퍼센트, 제조업 49.8퍼센트, 운수업 51.0퍼센트 등이었다.

 창업과 폐업은 생태계의 자연스러운 흐름이다. 다만 여기서 중요한 것은 실패를 만회할 수 있는 기회가 보장되어 있느냐의 문제이다. 우리의 경우 한 번 사업에 실패한 사람들이 다시 창업하는 비율이 고작 7퍼센트에 불과하다. 더 실패할 기회를 주지 않으면 93퍼센트는 능력과 의욕이 있음에도 불구하고 일하지 못하는 것이다. 이것만 높여도 일자리 수십만 개가 창출될 것이다. 실리콘밸리에서는 평균 네 번 정도 실패한 이후에 성공하는 게 일반적이다. 그만큼 시행착오를 거듭하며 성공에 이를 수 있는 환경이 조성되어 있다는 증거이다. 또한 중간에 실패하려고 할 때 피버팅(pivoting, 방향 전환)을 유도할 방법도 모색해야 한다.

〈표7_스타트업 에코 시스템〉

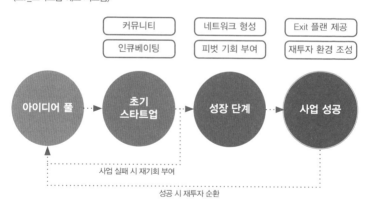

정부는 무엇보다 실패에 대한 부담을 줄여주는 정책을 만들어주어야 한다. 그래서 성공 가능성이 더 높은 제2의 도전이 가능하도록 해야 한다. 극단적으로 말하자면, 더 많이 실패할 수 있어야 한다. 더 많이 실패해야 더 많은 성공이 가능하다. 정부는 법인 대출 연대 보증제를 폐지하고, '삼세번 재기 지원 펀드' 같은 정책을 운영해, 실패하고 다시 일어설 수 있는 동력을 제공해야 한다. 실패한 창업자들의 개인 채무 워크아웃 등을 지원하는 것도 생각해볼 만하다.

삼세번 재기 지원 펀드는 과감한 도전이 지속적으로 이루어지게 하는 최소한의 조건이다. 재원은 중소기업청 재창업 전용 펀드를 활용하면 된다. 기존 청년창업펀드의 경우 조성 첫해인 2013년 855억 원에서 2014년 890억 원, 2015년 1,120억 원까지 늘었다가 지난해 500억 원으로 급감했지만, 출자액을 다시 늘려 해결해야 한다.

13

세계 경제 대전과
승자 독식 경제

4차 산업혁명이라는 신호탄이 쏘아진 뒤 세계는 그
미래에 얼마나 가까워졌을까? 공교롭게도 세계는 새로
운 방식의 경제 냉전을 준비하는 듯 보수적인 흐름으로
뒷걸음질하고 있다. 세계경제포럼이 2017년 올해 다룬
주된 의제는 "신세계 무질서에 따른 소통과 책임 리더
십(Responsive and Responsible Leadership)"이었다. 현재 세계
정세를 진단하는 매우 적절한 문장이 아닐 수 없다. 전
세계 경제가 4차 산업혁명이라는 합수머리를 향해 모일
것이라는 선언 이후, 각국 정부는 이러한 미래에 저항하
듯 오히려 자국보호를 내세우며 국경을 드높이는 흐름
이 거세지고 있는 것이다.

세계 경제 대전의 양상

종교 집단을 가장한 테러 집단의 무차별적인 공격은 그리스 재정 위기 등과 맞물려 인권·자유·평등의 공동체를 자임하는 유럽연합 소속 국가들이 정치·경제적으로 보수화되는 흐름에 불쏘시개 역할을 했다. 영국은 국민 찬반 투표를 통해 '브렉시트(Brexit)'를 단행했고, 프랑스, 노르웨이, 네덜란드 등 복지국가의 표본으로 여겨지는 국가들마저 반(反)이민 정책 기치를 내세우는 보수 정당이 국민들의 높은 지지를 받고 있다. '미국 우선주의'를 천명한 트럼프는 강력한 보호무역주의뿐만 아니라 불법 이민자 추방, 미군 주둔 국가 방위 부담금 인상 등 강경 일변도로 내달리고 있다.

우리나라를 둘러싼 동아시아 정세 역시 지난 1년 동안 급변해왔다. 북한 핵무장이라는 뇌관을 둘러싼 한국·미국·중국·일본 외교관계는 군사적 긴장에 그치는 것이 아니라, 정치·경제·사회·문화·역사 문제로까지 확대됐다. 무엇보다 정부의 미온적이고 불투명한 태도는 이 긴장된 흐름을 더욱 혼란스럽게 만들었다. 2012년 아베 정권이 들어선 뒤 한일관계는 독도 영토 분쟁이 상징하듯 오랫동안 해결하지 못한 여러 역사 문제까지 소환해 갈등을 반복했고, 지난 정부는 국민들이 전혀 동의할 수 없는 방식으로 일본과 위안부 문제 합의를 이끌어내 국민을 분노하게 만들었다. 민주적 절차가 생략된 정부의 일방적인 사드(THAAD, 고고도 미사일 방어 체계) 배치 역시 갈등을 부채질했다.

세계가 마치 담합한 것처럼 자국 중심주의를 강조하는 바탕에는 오랜 경제 침체가 큰 몫을 차지하고 있다. 국경 너머 타인들을 일자리를 빼앗는 경쟁자로 두려워하는 것도, 이웃 국가를 동맹관계가 아니라 경쟁국가로 인식하게 하는 것도, 상식과 비전이 아니라 오직 현재의 이익과 각자도생을 현혹하는 정치도 결국 불안하기만 한 먹고사는 문제에서 기인한 측면이 크다. 그러나 위기, 혼란, 갈등, 불안, 공포로 점철된 세계가 저마다 방어벽을 견고히 하는 현상은 되레 세계가 '글로벌 경제'로 묶인 운명공동체일 수밖에 없다는 사실을 드러내는 반증이기도 하다.

우리만 하더라도 사드 배치는 중국이 무역보복을 감행하게 하는 빌미가 되었다. 이로 인해 수출 무역은 물론 관광업, 콘텐츠 산업까지 타격을 입어 안 그래도 침체된 경기가 예기치 않은 불황에 허덕였다. 미국의 금리 조정과 한미 자유무역협정 재검토 추진 등 관련 정책은 우리 경제 성장 기준치를 변경하게 만들었다. 나아가 대출받아 내 집을 마련했던 수많은 사람들의 보금자리가 빚더미를 떠안은 사상누각으로 돌변할지 모른다는 불안의 불씨가 되고 있다.

승자 독식 경제와 원천 기술

이와 같은 흐름과는 대조적으로 세계 경제의 지도에서는 이미 지정학적 경계가 사라진 지 오래이다. 당장 주변에 놓인 제품 하나를 들여다보자. 식료품 제품 원산지 표기만 하더라도 세계 지도를 방불케 한다. 휴대전화 역시 소프트웨어는 미국에서 개발한 것이고, 반도체는 우리 기업이 개발한 것이다. 전체 하드웨어 조립과 생산은 중국 공장에서 도맡는다. 우리 기업이라고 생각한 유명 인터넷쇼핑몰은 외국 기업이 인수한 상태이고, 한국 자동차 회사는 경쟁력을 갖추기 위해 외국인 전문가를 경영책임자로 영입한다. 사람들은 가격 비교 사이트를 통해 '해외직구'를 통해 보다 저렴한 제품을 직접 구매

한다.

4차 산업혁명은 물리적인 국경의 장벽을 말 그대로 무색케 할 것이다. 혁신기술을 바탕으로 세계 경제를 주름잡은 선도기업을 떠올려보자. 애플, 구글, 마이크로소프트, 아마존, 페이스북……. 이들의 서비스와 제품이 세계의 시장을 파고들었던 속도를 생각해보라. 원천기술의 파급력은, 즉 다시 말해 선도기업의 '승자독식(Winner takes all)'은 더욱 심화될 것이다. 한마디로 기술독점이 곧 부의 독점으로 연결되는 현상은 더욱 심해질 것이다.

4차 산업혁명을 이끌고 있는 선도기업들은 불과 20년 전이라면 존재조차 하지 않았던 산업을 상상에서 현실로 이루어낸 기업들이다. 이 기업들이 처음부터 스포트라이트를 받았던 것은 아니다. 이 기업들 역시 지금도 숱하게 창업하고 소리 소문 없이 사라지는 수많은 스타트업 중 하나였다.

애플은 스티브 잡스, 스티브 워즈니악, 로널드 웨인 세 사람이 자신들이 만든 애플 컴퓨터를 판매하기 위해 만든 회사였다. 스티브 잡스는 애플 컴퓨터를 자신의 침실과 차고에서 만들었다. 현재 3만 명 임직원을 거느린 구글 역시 1998년 스탠포드대학교 박사과정에 있던 동료들의 아이디어에서 출발했다.

애플, 구글처럼 소프트웨어와 검색엔진에서 출발한 기업이 세계 경제의 중심이 될 것이라고 예견한 사람은 거의 없다. 도로나 건물을 건설하지 않고 물건도 생산하지 않는 기업이 어떻게 세계 최고의 기업이 될 수 있겠는가. 당시로서는 상상할 수 없는 일이었다. 그러나 그들에겐 남들에게 없는 것이 있었다. 바로 원천기술이다. 그리고 바로 그 원천기술로 퍼스트 무버가 된 것이다. 미래를 상상하고 꿈꾸었던 힘이 가장 큰 무기이자 자본이었다.

100퍼센트를 추구하라

실리콘밸리와 국내 기업을 두루 겪으면서 국내 기업문화에는 항상 1퍼센트 모자란다는 아쉬움을 지울 수 없었다. 그 마지막 1퍼센트가 나머지 99퍼센트의 빛나는 성과와 가능성을 가려버리고는 했다. 한마디로 하드웨어는 성인인데, 소프트웨어는 청소년기에 머무른 모습이었다. 덩치는 크지만 내용은 성숙하지 못하다는 아쉬움. 어쩌면 이 고민이 '대한민국 4차 산업혁명'을 그리며, 우리 기업문화를 돌아보게 한 출발점이었는지 모르겠다.

우리 사회는 오직 성장을 향해 질주하면서 수많은 문젯거리를 방치해왔다. 성수대교가 붕괴되고, 삼풍백화점이 무너지는 모습은 바로 우리 고속 성장의 그늘을 적나라하게 보여준 사고였다. 기술적인 부분도 마찬가지이다. 이는 기업 내부에서도 어느 정도의 결함에 대해서는 묵과하는 문화를 양산해왔다. 속도 때문이다. 남들보다 빨리 시장에 내놓아야 하는 압박감 때문이다.

왜 세계와 어깨를 나란히 하는 기업으로 성장했으면서 치명적인 결함이 결정적인 성장에 발목을 잡는 걸까. 이는 타협이 아니라 묵과하고, 잘못된 것을 바로잡지 않고 넘어갔기 때문이다. 실밥 하나가 뜨개질한 옷감 전체를 풀어버릴 수 있듯, 한 방울에서 시작된 누수가 대홍수를 불러일으킬 수 있듯 때로 이 사소한 1이 나머지 99를 장악해버릴 수 있다.

패스트 팔로어라는 성장 모델 특성상 우리 기업들은 리스크를 줄이기 위해 선도기업에 원천기술을 의지하고 물어보는 방식을 고수했다. 모방은 100퍼센트가 될 수 없다. 설령 기술적으로 100퍼센트를 달성한다 해도, 단 한 가지 창조성이라는 '유레카' 지점만은 절대 채울 수 없다. 패스트 팔로어로서 미투 제품(1위 브랜드 또는 인기 브랜드와 유사한 상품)은 더 이상 살아남지 못한다.

지난해 이세돌과 알파고가 벌인 바둑 대결의 공식 명칭은 '구글 딥마인드 챌린지 매치'였다. 이 대결을 두고 최종 승자는 알파고도 이세돌도 아닌, 바로 인공지능 기술을 선점했음을 알린 구글이라는 평가가 많았다. 우리는 이제까지 건물을 빨리 짓고 결함을 땜질하는 데 급급했다. 이제 처음부터 설계를 공들여 미래까지 내다볼 수 있어야 한다.

스페인 바르셀로나에 자리한 성가족성당은 지금도 지어지고 있다. 그 과정 자체가 건축예술이고 도시는 물론 세계를 대표하는 문화유산이 되었다. 100퍼센트를 추구한다는 것은 바로 이런 모습이다. 1등을 위해 속도 경쟁을 벌이는 것이 아니라, 100이라는 목표를 추구해나가는 완결성이다.

14

이정표가 목적지가
될 수는 없다!

4차 산업혁명을 이야기하면서 많은 기업들이 실리콘밸리를 모델로 삼고 이를 지향하겠다고 선언한다. 그러나 선도기업들이 일궈낸 결과에만 초점을 맞추고 그들이 어떤 과정을 통해 성장해왔는지 눈여겨보지 않는다.

　실리콘밸리의 시발점은 1957년 동부의 벨 연구소에서 뛰쳐나온 로버트 노이스(Robert Norton Noyce)를 포함해 엔지니어 여덟 명이 설립한 '페어차일드 반도체'로 알려져 있다. 1971년 〈일렉트로닉 뉴스〉에서 샌프란시스코 베이 에어리어 지역 산업 기사를 연재하면서 반도체 재료 실리콘과 주변 산타클라라 계곡을 합쳐 '실리콘밸리'라는 용어를 쓰면서 통용되기 시작했다. 1980년대에는 IBM에서 퍼스널 컴퓨터(PC)를 출시하면서 세계 정보통신기술 시장에 새바람을 일으켰고, 이후 인터넷 붐, 모바일 붐이 일어났다. 금광, 과수원의 땅이 최첨단 산업기지로 바뀌어 전 세계 경제 시장의 지각변동을 일으키는 진원지로서 우뚝 설 것이라고 누가 예측이나 했을까.

실리콘밸리의 성장 전략

실리콘밸리에서는 지금도 1년 동안 수많은 스타트업이 생겨나고 사라진다. 중요한 점은 이 기업들은 실패하더라도 늘 재도전할 수 있는 환경이 뒷받침되고 있다는 사실이다. 우리에게도 이런 혁신적인 사고로 무장한 기업들이 존재했다. 한때 우리나라를 휩쓸었던 싸이월드는 구글과 같은 해인 1998년 카이스트 석박사 과정에 있던 여섯 명이 창업한 기업이다. 이들은 철저히 자율성에 바탕을 두고 인맥 기반 커뮤니티 서비스 붐을 주도했다. 그러나 대기업에 흡수돼 진취적인 사고는 사라져 버렸고, 시장에서도 희미해져갔다.

실제로 많은 대한민국 스타트업과 중소·벤처기업이 시장에서 뛰어난 실력을 발휘하고 주목을 받았지만, 이내 대기업에 흡수돼버렸고, 이젠 그마저도 자취를 감춰

버렸다. 아무리 훌륭한 떡잎일지라도 토양 자체가 척박하면 튼튼한 나무로 싹을 틔울 수가 없다.

최근 실리콘밸리의 선도기업 역시 사업 외연을 확장하고 있다. 그러나 결정적으로 차별화되는 것은 그들은 문어발식으로 확장하면서 기업의 덩치 키우기에 급급하지 않는다는 사실이다. 그들의 성장 전략은 인공지능, 자율주행차 등 어떤 방식으로든 자신들이 가진 혁신기술이라는 고유한 정체성을 중심으로 한다.

사람 중심의 조직 문화

우리 기업들은 여전히 고속성장의 신화에 갇혀 있고, 사람들은 여전히 소외돼 있다. 앞서 말했듯, 실리콘밸리의 선도기업들은 상상력과 정체성이 바탕이 돼 누구도 쉽게 모방할 수 없는 혁신적인 원천기술을 만들어냈다. 그리고 그 중심엔 사람이 있다.

그러나 우리는 어떠했는가. 정부는 몇 개의 유망 산업을 선정하고, 산업단지를 조성하고, 창조경제라는 허울을 선전했다. 한마디로 성장의 과정에 대한 고민은 생략한 채, 보여주기에만 급급한 형국이다. 피상적인 모방만으로는 실리콘밸리가 반세기 이상에 걸쳐 이루어낸 족적을 따라잡기 힘들다.

중요한 사실은 현재 4차 산업혁명 시대를 이끌 것이라 예상되는 선도기업들은 숫자에 끼워 맞춰 자신들의 미래를 설계하지 않았다는 점이다. 그들의 목표는 자신들이 반드시 하고 싶은 일이고, 그것을 반드시 현실로 이룰 수 있다는 꿈이었다. 그리고 그 꿈을 이루기 위한 최적화된 조건으로서의 자유로운 조직 문화를 만들어낸 것이다.

우리에게 원천기술이
부족한 치명적 이유

우리 역시 우수한 엔지니어를 길러내고 확보해왔다. 우리 인재들의 실력은 실리콘밸리의 인재들에 견주어 전혀 뒤떨어지지 않았다. 하지만 우리나라의 인재들은 속도경쟁과 양적인 성장 밀어붙이기에 떠밀려 원천기술을 연구하고 개발하는 데 집중할 수 없었다. 결국 4차 산업혁명의 핵심 동력인 사람이, 창의성의 근본인 사람이 기업의 부속품 내지 소모품이 되어간 것이다.

기술은 흉내 낼 수 있다. 그래서 패스트 팔로어는 가능했던 것이다. 그러나 오랫동안 구축해온 문화는 훔칠 수 없다. 그래서 우리 기업에서 원천기술이 개발되기 힘든 것이다. 4차 산업혁명 시대는 더 이상 모방이 창조의 어머니가 될 수 없는 시대이다. 사람의 가치를 되돌아보는 것, 사람의 가능성이 활짝 피어날 수 있는 환경을 마련하는 것, 바로 그것이 4차 산업혁명 시대가 우리에게 요구하는 첫 번째 조건이다.

그렇다고 우리 기업들이 애플이나 구글과 똑같아질 필요는 없다. 대한민국은 실리콘밸리가 아니다. 우리만의 역사와 문화가 있고 사람들의 정서가 있다. 또한 전혀 다른 산업화 과정을 겪어오면서 갖게 된 우리만의 역량도 있다. 우리가 가진 장점을 중심으로 단점을 개선하면서, 즉 선택과 집중을 통해 '대한민국 4차 산업혁명'을 준비해야 한다.

15

소프트웨어와 하드웨어 포괄 방식

4차 산업혁명이 위기가 될 것인지 기회가 될 것인지는 전적으로 우리의 선택과 집중에 달려 있다. 우리는 산업화 시기부터 외환위기까지 요동치는 세계정세와 경제 위기 속에서도 누구보다 역동적으로 대처해온 경험이 있다. 출발은 늦었지만 특유의 추진력과 적응력으로 기술을 따라잡고 세계 흐름에 안착했다.

우리 기업들이 세계 시장에서 유례없는 성과를 보여준 것은 엄연한 사실이다. 벤츠는 자체 엔진을 만드는 데 100년이 걸렸지만 국내 자동차 기업이 독자적인 엔진을 개발하는 데는 채 30년이 걸리지 않았다. 가전제품, 반도체 등이 빠른 시간 안에 세계 시장에서 성공한 것도 단순히 우연의 산물이 아니다. 혁신기술의 상징으로 여겨지는 스마트폰 부품은 대부분 삼성, 엘지 등 국내 기업이 제공하고 있다. 세계에서 가장 먼저 모바일 기기가 대중적으로 성공한 이유도 이러한 역동성이 밑거름이었다.

우리만의 선택과 집중

미국과 한국 기업을 두루 겪으면서 느낀 가장 큰 차이는 기업들이 변화에 대응하는 속도 경쟁력이었다. 이를테면 미국 기업에서는 시장 변화에 따라 업무 기간이 1년에서 6개월로 줄어들면 부서 인원을 두 배로 늘려달라는 요구가 우선되는 등 쉽사리 기존 체계를 변경할 엄두를 못 내지만, 한국 기업은 똑같은 조건에서 어떻게든 다양한 방법을 모색하고 결국 성과를 이루어낸다.

PC 문화를 선도했던 인텔이 모바일 환경에 적응하지 못했던 것도 기존 프로세스를 탈피하지 못한 요인이 크다. 모바일 분야는 개발 속도가 빠르고 시장 흐름에 유연하게 대처하는 것이 중요하다. 반면 우리 기업은 이에 역동적으로 대처했다. 당시 적응력과 추진력을 무기로 대기업은 물론 벤처·중소기업이 띤 활기를 떠올려보면 우리가 가진 장점을 되새겨볼 수 있다.

오픈 소스, 공짜가 아니다

4차 산업혁명 역시 우리가 가진 장점을 어떤 방식으로 적용할 수 있을까 고민해야 한다. 우리는 4차 산업혁명을 앞두고 주로 독일 인더스트리 4.0과 미국 실리콘밸리 양 축을 모델로 삼는다.

독일 주도의 인더스트리 4.0은 선진국 대비 제조업 비율이 높은 우리에게 4차 산업혁명에 진입하기 위한 디딤돌이 될 수는 있겠지만, 근본적인 해결책으로 보기는 힘들다. 특히 주로 대기업이 독점하고 있는 제조업은 그 안에 사업 영역이 서로 달라 실제 구현하기까지는 많은 시간이 걸릴 것이다. 따라서 기업 스스로 환경을 구축하되 정부가 필요한 부분을 지원해주는 방향으로 모색돼야 한다.

원천기술 역시 하루아침에 만들어낼 수 없기 때문에, 제조업 등 하드웨어를 기반으로 함께 발전해나가는 방향을 모색해야 한다. 기업과 정부는 원천기술이 필요하다는 점을 늘 강조해왔다. 성장 속도에 발목이 잡혀 연

146

구개발에 집중하지 못한 한계에도 원천기술을 응용한 우수한 기술로 세계 시장과 어깨를 나란히 한 것은 엄연한 사실이다. 그러나 이 원천기술들이 현재는 모두 접근 가능한 '오픈 소스'라고 하지만 언제 봉쇄될지 모른다는 점을 간과해서는 안 된다.

장단기를 염두에 둔
최상의 조화

한마디로 우리는 인더스트리 4.0이나 실리콘밸리를 맹목적으로 지향하는 것이 아니라, 이 두 가지를 모두 포괄하는 방향으로 나아가야 한다. 제조업(하드웨어)에 강점이 있는 경제 구조를 기반으로 원천기술(소프트웨어)을 얹어 드높이는 구조를 상정해볼 수 있다.

장기적으로 독일처럼 자동화 프로세스를 우리 기술로 개발해야 한다. 미국의 인공지능 엔진 등도 그렇다. 원천기술은 미래의 경쟁력이다. 한편 스마트 시티라든지 스마트 정부, 스마트 고속도로, 자율주행차량 등의 인프라를 구축하고 융·복합이 이뤄질 수 있는 환경을 만들어야 한다. 그보다 짧게는 이미 개발된 플랫폼과 오픈소스를 활용해 비즈니스를 만들어 돈을 벌어야 한다. 또 정보의 싸움이다. 사물인터넷 등 사람에 비유하면 신경망이라고 할 수 있는 것들을 활성화하고 통합해야 한다. 데이터센터의 정보를 어떻게 하면 개인의 프라이버시를 침해하지 않고 잘 저장해 비즈니스·서비스에 활용할지도 고민해야 한다.

아무리 빼어난 원천기술이라도 이를 구현할 하드웨어가 뒷받침되어야 한다. 하드웨어 없는 소프트웨어는 육체 없는 영혼이다. 좋은 소프트웨어는 좋은 하드웨어를 기반으로 하고, 두 분야가 어떤 방식으로 최상의 조화를 이룰지 우리는 고민해야 한다.

16

가파른 사선이 아니라
S자 성장을 지향하라

우리 기업이 가진 역동성은 대한민국이 4차 산업혁명에서 결코 소외되지 않을 것이라는 희망을 안겨준다. 응용기술을 바탕으로 세계의 흐름을 단기간에 따라잡는 속도, 기업 리더의 선도 아래 뭉치는 응집력, 목표를 향해 질주하는 집중력은 눈부신 경제 성장을 일궈낸 원동력이었다.

　하지만 그 가파른 성장의 그늘에는 많은 사람의 희생과 잘못된 기업문화, 결과를 위해서라면 어떤 편법도 용납되는 불공정이 독버섯처럼 자라났다. 현재 우리는 세계에서 가장 긴 노동 시간을 자랑하고 있지만 생산성은 선진국 절반 수준에도 못 미친다. 노동환경을 살펴보면, 앞으로 맞이할 4차 산업혁명의 경제 펀더멘털

(fundamental, 한 나라 경제가 얼마나 건강하고 튼튼한 지를 나타내는 경제의 기초 요건을 말한다. 보통 경제 성장률, 물가상승률, 재정수지, 경상수지, 외환보유고 등과 같은 거시 경제지표들을 의미한다) 이 결코 좋지 않다는 징후가 곳곳에서 드러난다. 바로 이 독버섯들이 4차 산업혁명 시대로 접어드는 시대에, 한국 경제의 발목을 붙잡고 있는 것이다.

4차 산업혁명의
성장 그래프는 나선형

4차 산업혁명이 그리는 성장 그래프는 나선형을 띤다. 이는 발 빠르게 기술을 모방하고 질주해서 장악할 수 있는 것이 아니다. 오히려 대기업은 물론 중소·벤처 기업, 스타트업이 서로 간의 벽을 허물고 다양한 기술과 아이디어를 주고받는, 말 그대로 생태계가 조성되어야 가능하다.

지난 3월 13일 인텔이 153억 달러(약 17조 5,600억 원)에 자율주행차 관련 기술 기업 모빌아이를 인수한다고 발표하면서 큰 화제가 됐다. 17조 원이라는 금액은 우리 기업 SK텔레콤의 시장평가 액수와 비슷한 수준이다. 하

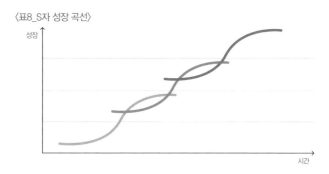

〈표8_S자 성장 곡선〉

성장

시간

지만 모빌아이 직원 수가 450명에 불과하다는 점을 감안하면, 수만 명 임직원을 거느린 네이버의 시장가치 액수가 28조 원이라는 사실에 비추어보면, 그 기업 가치가 새삼 달라 보인다.

그렇다면 인텔은 모빌아이에 왜 이렇게 큰 가치를 부여했을까? 그것은 다름 아닌 가능성이다. 기업 가치가 규모가 아니라 성장 가능성에 있다는 사실은 우리가 그동안 고수해왔던 성장 신화가 시대 흐름에 얼마나 동떨어져 있는지를 시사한다.

역설적이게도 대한민국 30대 기업 사내보유금은 770조 원에 육박하고, 이는 10년 새 무려 세 배 가까이 증가한 금액이다. 이제 대한민국의 성장 방향 역시 창의성과 다양성을 중심으로 전환되어야 한다. 똑같은 종목에 참여하더라도 운동선수마다 체급은 다르다. 헤비급은 힘이 강점이고, 라이트급은 민첩한 몸놀림과 기술이 강점이다. 헤비급과 라이트급, 힘과 기술이 서로를 견인하고 지탱하는 구조로 한국 경제는 체질 개선을 해야 한다.

서로에게 버팀목이 되어주는
지속 가능 성장

물론 우리는 여러 불리한 조건을 이겨내고 기적과도 같은 결과를 만들어냈다. 이른바 압축성장, 고도성장이라 불리는 기적이다. IT 산업만 하더라도 외환위기라는 상황에서 꽃을 피웠다. 전국에 구축해놓은 네트워크 환경이 초기에 마중물이 되어 성장을 하였지만, 이 역시 가파른 사선(斜線)만 고집하는 성장에 집착한 그릇된 전략으로 그 힘은 점차 떨어지고 있다.

지속 가능한 성장은 가파른 사선이 아니라, S자 커브 모양을 띤다. 4차 산업혁명 시대의 성장 곡선은 가파르기만 한 직선이 아니다. 성장과 정체를 거듭하는 S자 모양의 곡선을 지향해야 한다. 그리고 이 S자 커브가 모여

서로 사슬을 이루고, 성장이 둔화되더라도 버팀목이 될 수 있어야 한다.

이는 한 기업의 차원에 국한되는 것이 아니다. 좁게는 관련 산업 분야, 넓게는 대한민국 경제 전반을 염두에 둔 그림을 그려야 하는 것이다. 모두가 가파른 비탈에 매달려 서로 먼저 정상에 오르기 위해 경쟁하는 것이 아니라, S자 모양의 완만한 커브를 그리며 다 함께 정상을 향해 튼튼하게 나아가야 하는 것이다.

PART THREE

미래를 예측하는 가장 좋은 방법은
미래를 창조하는 것이다.
_에이브러햄 링컨

17

4차 산업혁명 시대의
리더십

정경유착으로 대표되는 우리 기업문화의 누적된 병폐
는 단순히 정치 차원에서 그치지 않고 우리 사회 전체
를 되돌아보게 했다. 실제로 잊을 만하면 '갑질'로 표현
되는 2~3세대 세습 경영자 문제가 도마에 올랐다. 이
사건들은 하나같이 사람을 존중하지 않아 발생했다는
공통점이 있었다.

　그리고 지난 1년, 우리는 낡은 기업문화가 드러낸 민
낯과 마주해야 했다. 글로벌 기업을 자임하는 기업 최고
경영자들과 이른바 '비선실세'에 기대어 국정을 운영해
온 통치권자가 협잡해온 사건은 온 국민을 분노하게 만
들었다. 무엇보다 관행이었다고 대수롭지 않게 변명하
는 '세습' 경영자들이 보인 태도는 분노를 넘어 자괴감

마저 느끼게 만들었다.

새 술은 새 부대에

지난 산업화 시기, 많은 기업이 경영자의 역할에 따라 일사불란한 응집력을 발휘해 단기간에 큰 성과를 이루어 낸 것도 사실이다. 그러나 속도와 결과에만 매달린 성장 모델에 집착하는 리더십으로는 4차 산업혁명이라는 새로운 대양을 헤쳐 나가기 어렵다. 이제 경영자는 기업의 성장뿐만 아니라, 그 기업에 속한 구성원의 성장을 도모해야 한다. 그리고 그 구성원의 성장이야말로 기업의 성장이라는 인식을 가져야 한다.

4차 산업혁명 시대의 리더십이란 선원들이 자유롭게 낚시를 할 수 있도록 배를 안전하게 운행하는 선장의 모습에 가깝다. 과거의 리더십이 고기가 잘 잡히는 소위 포인트에 누구보다 빨리 배를 몰고 가서, 선원들이 모두 똑같은 지점에 낚싯대를 드리우게 하고 빨리 낚을 수 있도록 하는 것이었다면, 4차 산업혁명 시대의 리더십은 이 선원들이 포인트를 스스로 찾고 저마다 다른 미끼로 물고기를 낚을 수 있도록, 악천후와 거센 파도로부터 선원들을 안전하게 보호하고, 최적의 환경을 제공하는 것이다.

직원 중심, 소비자 중심

실리콘밸리와 한국 기업에서 만난 인재들을 비교하면 우리 기업 구성원이 갖춘 기본자질이 훨씬 뛰어났다. 무엇보다 그들은 리더의 생각과 방향에 따라 변화를 빨리 받아들이고 바꿔나갔다. 실제로 내가 속한 부서는 2년 남짓한 시간에 수익지수와 팀 문화를 한꺼번에 개선해 나갔다.

기업들이 보통 수익지수를 바꾸는 데 3~4년, 기업문화를 바꾸는 데 7~8년이 걸린다는 사실을 감안하면, 대한민국 인재들이 갖춘 역량에 다시 한 번 놀랄 수밖에 없었다. 그러나 이는 강점이자 단점이기도 하다. 이 눈부신 속도가 리스크를 낳을 수 있다는 사실을 깨달았기 때문이다.

인텔에 입사한 뒤 수석 매니저가 돼 연구개발뿐만 아니라 조직 전체를 조망하는 기회가 생겼을 때 처음 맞닥뜨린 모습은 무척 낯설었다. 몇몇 직원이 먼 거리를 이동하는 것이 불편해 퇴사하겠다는 의견을 내비치자 담당자가 그들이 집에서 일할 수 있는 환경을 만들어주자고 제안하는 것이었다.

처음에는 도무지 적응할 수 없는 모습이었다. 그러나 시간이 지나고 그들이 이뤄내는 성과를 알게 됐을 때, 오히려 내가 일자리에 대해 얼마나 큰 편견을 가지고 있었는지 되돌아보게 됐다. 그 자기반성은 결국 "일은 사람이 중심이 되어야 한다"는 문제의식으로 이어졌고, 내가 한국 기업으로 돌아오게 하는 계기가 되었다.

한편 시민들 역시 이러한 현실을 더 이상 외면하지 않는다. 이른바 '땅콩회항' 사건은 시민단체가 경영자를 형사고발하는 사태로 이어졌고, 원청과 하청으로 또 다른 차별구조를 서슴지 않는 기업에 대해서는 불매운동이 펼쳐졌다. 이제 소비자들은 단순히 기업이 판매하는 제품과 서비스를 소비만 하는 사람들이 아니다. 성난 목소리와 직접적인 행동으로 기업을 변화시키고, 경제 생태계를 바꾸어나가기도 한다. 기업은 자신들의 성장의 주춧돌이 소비자라는 사실을 그 어느 때보다 더 유념해야 한다.

18

사람에게는
아낌없는 투자를

최근 30대 기업이 인원을 2만 명 감축한 반면, 5대 기업의 신규 일자리가 5만 명이 되지 않는다. 대형 이동통신 회사 중 한 곳은 직원 수 대비 매출액을 나눠보면 1인당 매출액이 30억 원에 육박한다. 애플의 경우 1인당 매출액이 20억 원 규모이고, 구글이 10억 원이다. 이는 그만큼 우리 기업이 수익 대비 사람에 대한 투자가 열악하다는 것을 단적으로 보여주는 것이다.

자부심과 긍지에서 오는 원동력

인텔에서 일하게 되면서 내게는 당시 6만 달러의 돈이 필요했었다. 그런데 인텔에서 내게 제공한 돈은 10

163

만 달러였다. 내가 당황하자 총무부는 세금까지 감안한 금액이라고 덧붙였다. 2만 달러의 보너스와 가족 항공료, 4,000만 원에 달하는 이사 비용을 제공받았다. 또한 이주 전문가가 아파트 렌트, 은행 및 신용 업무, 거주지 주변 정보, 차량 구매, 운전면허 및 거소증 발급 등 모든 서비스를 초기 3개월 동안 제공하였다. 그러한 배려는 회사가 나를 귀하게 여긴다는 기분을 느끼게 했다. 더욱 열심히 일해야 한다고 결심한 것은 당연했다. 모든 일의 원동력은 구성원이 조직 내에서 중요한 사람이라는 생각을 가질 수 있는 긍지와 자부심으로부터 나온다.

이제는 구시대의 유물로

실리콘밸리가 우리 기업문화와 가장 큰 차이점을 보이는 것은 리더가 사람들이 일하는 기본 환경에 대단한 관심을 기울인다는 사실이었다. 자신과 의견이 맞지 않다고 지금 맡고 있는 업무에서 열외를 시켜버리고, 비상식적인 매뉴얼을 강조하면서 업무 지시를 수행하지 못하면 무능력으로 치부하는 등 '뒤틀린 리더십'은 경영자로서 군림하고만 싶어 했지 조직을 이끄는 리더 자격을 갖추지 못했다는 사실을 방증한다. 아무리 기술이 뛰어나고 경쟁력을 갖춘다고 해도, 사람에 대한 투자가 부족하면 그 성장은 한계에 봉착할 수밖에 없다.

이제 사람의 가치를 소홀하게 여겨온 잘못된 기업문화는 유물이 되어야 할 시점에 다다랐다. 윤리의 측면에서뿐 아니라, 이윤의 측면에서 따져보아도 유물이 되어야 한다. 모든 혁신의 출발점은 사람이다. 혁신의 힘은 자신이 조직 내에서 중요한 사람이라는 긍지와 자부심으로부터 나온다. 사람을 귀하게 여기는 기업문화로 거듭날 때, 4차 산업혁명을 주도할 원천기술의 개발이 가능하다.

19

정작
실리콘밸리에서는
4차 산업혁명이라는
선언은 들리지 않는다

부자 아빠 가난한 아빠, 이기는 습관, 아침형 인간, 설득의 심리학, 긍정의 힘, 마시멜로 이야기, 시크릿……. 한때 우리 사회를 휩쓴 베스트셀러 목록이다. 수십, 수백만 부씩 팔린 경제경영·자기계발서는 공교롭게 스마트폰이 활성화되고 4차 산업혁명이 시작된 지점부터 이 목록에서 조금씩 자취를 감췄다. 그 자리에는 정의란 무엇인가, 멈추면 비로소 보이는 것들, 아프니까 청춘이다, 미움받을 용기 등 속도 전쟁에 휩쓸려온 현실을 잠시 멈추고 뒤를 돌아보고, 소외된 사람들을 챙기고, 스스로를 돌아보며, 사회 정의를 성찰하는 이야기들이 자리를 차지했다. 외환위기와 금융위기라는 "점점 나빠지기만 한다"는 시간을 견뎌오면서 사람들이 무엇에 관심을 기울였는지가 상징적으로 드러난다.

베스트셀러는 사람들이 살아가는 모습의 거울상이 되기도 한다. 지난 20년 동안 사람들은 출근 전 아침 시간을 자기 성장을 위해 투자하고, 남들이 가지 않은 사업 분야를 개척하고, 상대의 마음을 열 준비를 갖추고, 이런 고된 현실 속에서도 긍정적인 마음가짐을 잃지 않으며, 간절히 원하면 이룰 수 있다는 믿음을 가지려고 노력했다. 하지만 지금 이 모든 지침들은 그 효용을 다하고 말았다. 거꾸로 생각해보면, 베스트셀러는 우리 사회가 사람들에게 알게 모르게 강요한 덕목들의 일면이기도 하다. 또한 얼마나 자기 최면이 필요했는지를 알려주는 쓸쓸한 리트머스지이기도 하다.

스마트한 조직은
스마트를 외치지 않는다

'스마트'한 기업문화를 만들어야 한다는 목소리가 그 어느 때보다 높다. 지난 정부 역시 스마트 정부를 만들겠다고 공언했다. 그러나 스마트하게 일하는 조직은 정작 '워크 스마트' 캠페인을 진행하지 않는다. 정작 실리콘밸리에서 4차 산업혁명이라는 선언은 들리지 않는다는 우스갯소리도 있다. 그들은 이미 그 시기에 진입했다는 이유이기도 하고, 구호보다 실천이 앞서야 한다는 이유이기도 하다.

실제로 캠페인은 현실에서 그 캠페인이 지향하는 내용이 얼마나 취약한 것인가를 드러내는 방증이다. 어린이날이 생긴 근원은 예전에는 어린이라는 개념 자체가 존재하지 않았기 때문이다. 어린이에겐 인권도 없었고 그들을 하나의 인격체로 여기지 않았기 때문이다. 우리에게 여성부와 통일부가 존재하는 까닭도 여성의 사회적 지위가 불평등한 관행이 오랫동안 지속돼왔기 때문이고, 세계에서 마지막 남은 분단국가로서 통일이라는 과업이 여전히 남아 있기 때문이다.

우리 기업들은 경영 트렌드에 민감하다. 어쩌면 이는 해당 기업만의 고유한 정체성과 문화를 만들어내지 못하고 있다는 증거이기도 하다. 혁신적인 슬로건을 도입하고, 얼마 지나지 않아 성과가 없다고 판단되면 폐기해버린다. 그리고 또 다른 캐치프레이즈를 내건다.

예를 들어 삼성 역시 삶과 직업의 균형을 맞춰가는 '워크 스마트'를 선언하면서 선도적인 기업문화를 정착하기 위해 애썼다. 그러나 기업문화의 질적 향상을 위한 이러한 노력들은 수익성이 감소하면 추동력이 급격하게 떨어지는 과정을 반복했다.

말뿐인 캠페인은 오히려 조직과 개인 역량이 발전할 수 있는 효율성을 떨어뜨린다. 오히려 이런 캠페인은 업무 하나가 더 과중되는 부작용만 키워 교각살우(矯角殺牛)가 될 수 있다는 점을 명심해야 한다. 만성적인 야근과 고착된 서열문화, 형식적인 보고서를 반복적으로 생산하는 근무환경 자체를 혁신하지 않으면서 '스마트한 근무환경'을 만들어가자는 목소리가 얼마나 현실성이 있을지는 의문이다.

혁신은 기본으로 돌아가는 것

혁신의 또 다른 얼굴은 '기본'이다. 기본을 회복하는 것, 모두가 알고 있는 것을 실행하는 것, 누구나 지켜야 한다고 생각하는 것을 지키는 것, 모두가 원하는 것을 가능케 하는 것이다. 그것은 절대로 거창한 슬로건으로 만들어지는 것이 아니다. 그것이 혁신의 기본이다.

"구글의 가치는 이윤 추구만을 위해서 힘들게 일하는

것이 아니다. 구성원들이 창조성과 이타심을 계발할 때 더 큰 이익이 창출되고, 더 좋은 일을 할 수 있다고 진정으로 믿고 실천하는 데 있다." 구글의 수도원장으로 불리는 노먼 피셔(Norman Fischer)의 말이다. 혁신의 방향이 과연 어디로 향해야 하는지, 혁신의 목적은 무엇인지를 단적으로 보여주고 있다.

흔들리지 않는 가치를 만들고 지키는 것이야말로 어떤 변화가 찾아오든 그 흐름을 받아들일 수 있는 유연함을 만들 수 있다. 그럴 때에만 우리는 그 어떤 것에도 불안해하지 않으며 강물에 몸을 내맡겨 흐름에 따라 목적지에 도달할 수 있다. 딱딱하게 굳은 몸으로는, 내 몸에 맞지 않는 옷을 껴입고는 제자리에서 허우적거리며 스스로를 걸림돌로 만들 수밖에 없다.

20

모래주머니를 차고
4차 산업혁명을
따라갈 수는 없다

우리 사회에는 수많은 벽과 계단이 존재한다. 때로는 빈부와 성별에 따라서, 또 때로는 지역과 계층에 따라서, 갈리고 갈등한다. 기업에서는 직군과 직급의 벽과 계단이 소통과 성장을 가로막는 장애물이 되고 있다.

그 벽과 계단들 중에서도 가장 단단한 연공서열은 함께 일하는 구성원을 지나치게 윗사람과 아랫사람으로 나누어 조직을 경직시키는 부작용을 낳기도 한다. 연공서열은 직원들을 한 사람 한 사람으로, 즉 각각의 가능성으로 여기며 함께 성장해나가는 개인이 아니라, 목표를 주입하고 결과를 강제하는 부품으로 여기는 악습과 맞닿아 있다. 이는 창의성을 마음껏 펼칠 수 없는 수동적인 문화를 만든다. 조직의 효율을 떨어뜨린다.

잘못된 기업문화의 모래주머니를 차고 4차 산업혁명을 따라갈 수는 없다. 창의성을 폭발시킬 수 있는 대대적인 기업문화 혁신이 선행돼야 하는 까닭이다.

일은 시키는 것이 아니라
설명하는 것

한 기업에서 일할 때 어느 날 그룹장이 내게 와서 이런 푸념을 늘어놓은 적이 있다. 부하 직원에게 업무를 지시했는데 자신은 받아들일 수 없다며 설명해달라고 요구했다는 것이다. 그는 자기들은 예전에는 소위 위에서 까라면 깠는데 요즘 애들은 그렇지 않다며 푸념했다.

나는 그의 입장을 일면 이해했지만 그냥 넘길 수 없는 상황이라고 여겼다. 나는 그를 불러 오히려 부하 직원의 태도가 나쁘지 않고 긍정적인 변화라고 설명했다. 나는 그에게 그 일의 필요성을 제대로 설명했는지 물었다. 그는 그렇지 않다고 했다. 나는 그에게 일은 명령하는 것이 아니라 설득하는 것이라고, 다시 한 번 그 일에 대해 충분히 설명하라고 이야기했다.

174

경직된 연공서열을 파괴하라!

연공을 파괴한다는 것이 경쟁을 부추기자는 이야기는 아니다. 지나친 연공서열의 폐단들, 즉 비효율, 경직성, 편견, 보신주의, 불공정 등을 제거해야 한다는 이야기다. 경직된 연공서열이 없어져야 할 또 하나의 중요한 이유는 젊은 세대의 실력에 대한 편견을 조장한다는 데 있다. 많은 기성세대가 요즈음 젊은 세대가 일하는 태도에 문제를 제기하곤 한다. 그러나 나는 여기에 동의할 수 없다. 오히려 대한민국 젊은 세대의 역량은 그 어느 때보다도 글로벌 기준에 부합한다. 오히려 연공 등으로 대표되는 국내 기업 환경이 그들의 가능성을 방해하는 모양새다. 또한 연공서열 자체가 세대 갈등을 부추기는 요인이 되기도 한다. 모든 구성원들이 자신의 역량을 마음껏 발휘할 수 있는 열린 구조로 나아가야 한다.

한편 연공은 전관예우 등으로 대표되는 보이지 않는 천장을 우리 사회에 덧씌우기도 했다. 전관예우는 불공정의 근원이다. 투명성을 훼손하고, 건강한 경쟁을 원천적으로 가로막는다. 프랑스의 철학자 자크 라캉(Jacques Lacan)은 그의 저서 『욕망이론』에서 "우리도 운이 트이고 잘만 되면 사상이 있다고 하겠지요"라고 『파우스트』의 한 구절을 인용했다. 사람들은 곧잘 어떤 과정을 거쳤건 승자를 두둔한다. 이는 가진 사람이 더 많은 기회를 얻게 하고 무수한 가능성을 숨죽이게 한다. 이제 경쟁은 일종의 '복면가왕'을 통해 누구에게나 기회가 열린 구조로 나아가야 한다.

조직 간의 벽, 사일로를 허물어라!

사일로(silo)의 사전적 의미는 '저장탑'이라는 뜻으로 곡물을 쌓아두는 창고를 일컫는다. 과거에는 곡식을 저장고에 가득 쌓아두고 시장에 내놓지 않는 상인의 행태를 비판하는 용어로 자주 쓰였는데, 요즈음에는 기업 내에서 부서 간의 폐쇄적인 문화를 가리킬 때 '사일로 현상'이라는 표현을 쓰기도 한다.

선도기업의 대명사로 여겨지는 애플 역시 사일로가 성장의 걸림돌이 되기도 했다. 애플은 부서 간에 공유할 것만 공유한다는 폐쇄적인 방침을 갖고 있었다. 부서마다 비즈니스 전문성이 다르다는 이유로, 또 사내 보안을 유지해야 한다는 이유로, 부서 간의 벽을 높인 것이다.

앞서 언급했던 인텔에 인수된 모빌아이는 이스라엘 기업이다. 나 역시 실리콘밸리에서 그들과 함께 일해 본 경험이 있는데, 그들이 성장할 수 있는 밑바탕에는 열린 조직 문화가 자리하고 있다. 우리는 일반적으로 어떤 논의를 할 때, 상대방이 비판적 입장을 보이면, 그것을 공격으로 받아들이는 경향이 있다. 그러나 모빌아이 직원들은 그들이 미처 예상하지 못한 다른 의견을 자신들이 진행하고 있는 업무를 재점검하는 계기로 삼는 모습이 무척이나 인상적이었다.

아무리 독보적인 기술력을 가지고 있다고 하더라도, 이 기술을 현실 속에서 실현해나갈 때는, 수많은 의견을 수렴하는 자세가 필수적이다. 이 점검과 수정의 과정은 새로운 비즈니스 모델을 시장에 안착시키는 확률을 높인다.

고인 물은 썩는다!

우리 사회는 아직까지 이직에 관대하지 못하다. 또한 우리 기업들 사이에서는 암묵적으로 이직을 금하고 있다. 일부 회사들은 직원들을 뽑거나 고위직으로 승진시키면서 동종 업계로 이직하지 않겠다는 서약을 받기도 한다. 경쟁 기업을 선의의 경쟁자 내지 동반 성장하는 관계로 생각하지 않는 풍토 때문이다. 그리고 퇴사하는 사람들을 배신자라고 낙인찍는 그릇된 구태가 연출되기도 한다.

지난 2015년 미국에서는 애플과 구글이 각자 회사 직원을 스카우트하지 말자고 암묵한 이메일이 공개되고, 여기에 더불어 많은 기업이 담합한 사실까지 추가적으로 드러나면서 집단소송으로까지 번진 일이 있었다. 결과는 소송을 제기한 6만 4,000명의 피고용인들에게 4억 1,500만 달러를 배상하라는 결정이 내려졌다.

이직은 그 자체로 노동 시장의 가격을 조절한다. 한 사람이 이직 시장에 나왔다고 가정해보자. 이때 우리는 이른바 몸값이 얼마인지 객관적으로 평가해볼 수 있다. 그리고 시장에 나온 사람의 몸값이 오르면, 동일한 직종에 있는 사람들의 몸값도 동반 상승할 수 있다.

사람들은 단지 돈을 많이 주는 곳으로만 몰리지 않는다. 사람들이 이직을 결심하는 동기는 경제적 보상 외에도 여러 가지다. 새로운 회사가 발전 가능성이 있는지,

조직 문화는 합리적인지, 사람의 가치를 제대로 대접하는지 등 일하는 환경도 중요하게 생각한다. 실리콘밸리도 처음부터 사람을 귀하게 여기는 문화였던 것은 아니다. 구글이라는 기업이 나타나고 많은 인재가 그곳으로 모여들면서 위기의식을 느낀 기업들이 자신들의 문화를 사람 중심으로 바꾸면서, 실리콘밸리 전체의 문화가 개선된 것이다. 이직은 해당 산업 분야의 환경 개선과 성장을 도모한다.

이직의 문화는 강의 흐름과 같다. 흐르는 물을 인위적으로 막으면 물이 고이고 만다. 그리고 고인 물은 썩는다. 소 잃고 외양간 고치는 격으로, 고인 물의 흐름을 터주어도, 물이 다시 맑아지는 데는 오랜 시간이 걸린다. 인재를 둔재로 만들지 않으려면, 우리 기업들의 발상의 전환이 시급하다.

21

TOP 모델

사람 중심의 4차 산업혁명의 핵심은 누가 뭐래도 4차 산업혁명 시대의 인재 양성이다. 4차 산업혁명 시대에는 어떤 역량이 더 요구되는가, 어떻게 그런 인재를 양성할 것인가, 또 리더는 어떤 비전을 제시해야 하는가, 이 세 가지 사항을 중점적으로 살펴보도록 하겠다. 결론부터 말하자면, 답은 TOP 모델 속에 있다.

재능

　T는 탤런트(Talent), 즉 재능을 가리킨다. 4차 산업혁명의 관건은 개별 분야들 간의 융·복합을 어떻게 이룰 것인가에 달려 있다. 지금까지 기업은 대체로 T자 형을 지

향하며 여러 지식과 기술을 교차할 수 있는 만능선수(generalist)가 되어야 한다고 주장했다. T자 형 인재는 세분화된 영역의 전문성을 의미하는 수직선과 다른 분야에 대한 대략적인 지식과 이해를 나타내는 수평선을 지향했다. T자 형 인재는 경쟁 분야의 변화를 빠르게 파악할 수 있고 다양한 분야와 협력을 시도할 수 있지만, 여러 기술을 융합해 독자적으로 제품을 생산해낼 역량이 부족하다는 단점이 있다.

4차 산업혁명 기업 환경에서는 T자 형에서 나아가 파이(π) 형 전문가를 길러내야 한다. π는 그 생김새처럼 상하로 두 개의 선이 받치고 있고 그 위에 수평선이 있는 건축적 형태를 이루고 있다. 수직으로 내려가는 두 선은 각각 서로 다른 전문성을 의미하고, 상부의 수평선은 두 전문성을 이어주는 교각이라고 할 수 있다. 구체적으로 보자면 파이 형은 T자 형에서 전문성이 하나 더 추가된 형태이다.

한마디로 한 분야의 전문가가 T자 형이라면 그 상태에서 다른 분야의 지식을 습득하고, 기존의 전문성과 새로이 획득한 전문성을 융합하는 단계에 이른 사람이 파이 형 전문가인 것이다. 파이 형 인재는 공학적 문제가 생겨도 물리·수학적 의미를 찾으려고 노력한다. 구글이 최근 인문학 전공자를 5,000명 채용한 사실에 비추어 봐도 4차 산업혁명이 요구하는 인재상을 짐작해볼 수 있다.

조직

O는 오거니제이션(Organization), 즉 조직을 가리킨다. 조직은 앞서 말했듯 벽을 허물고 열린 구조로 나아가야 한다. 그리고 철저히 현장 중심으로 운영되어야 한다. 그럴 때에만이 인재들이 활발하게 의견을 개진하고 창의적인 일에 집중할 수 있다.

한국의 기업들은 어떤 중대한 문제가 발생했을 때, 가장 먼저 이 문제에 대한 책임을 지울 사람부터 찾는다. 과연 이 문제는 왜 발생했는지, 시스템의 문제인지, 인력이 부족해서인지, 혹은 단순히 절차상의 문제인지 입체적으로 따지지 않는다. 오직 누가 책임을 져야 하는지를 따질 뿐이다.

직원을 몇 명 충원하고, 누구를 뽑을 것인가의 문제에서부터, 그들의 커리어를 관리하고, 역량을 개발하는 것

역시 현장 중심으로 이루어져야 한다. 위에서 아래로 모든 의사결정이 전달되는 방식으로는 4차 산업혁명 시대의 인재를 길러낼 수 없다. 대폭적인 권한 이양이 필요한 것이다.

열정

P는 패션(Passion), 즉 열정이다. 열정은 동기 부여를 거름으로 싹트는 불꽃 나무이다. 동기는 설령 목표에 다다르지 못하고 실패하더라도 그 과정 속에서 또 다른 싹을 틔워 끊임없이 도전하게 만든다.

아무리 뛰어난 운동선수라도 지켜보고 응원하는 사람이 없다면 그 열정을 100퍼센트 추구할 수 없다. 구성원들이 이 열정을 최대한 발휘하려면 무엇보다 경영자든 조직 상급자든 리더의 역할이 중요하다. 리더는 구성원이 열정을 품을 수 있도록 북돋울 수 있는 해당 기업만의 비전과 문화를 제시해야 한다.

오직 사람만이
우리의 미래다

지금까지 4차 산업혁명과 관련해 세계정세, 기업, 정부라는 세 가지 큰 줄기에서 살펴보았다. 미래를 그리는 것은 쉽고도 어렵다. 누구나 도깨비를 상상해 요령껏 그릴 수 있지만 사람 얼굴을 잘 그리는 사람은 드물다는 이야기가 있다. 그리고 4차 산업혁명은 어쩌면 그저 수사(修辭)에 그칠 수도 있다. 그러나 끊임없이 발전하는 기술은 사람의 삶을 어떤 방식으로든 건드릴 것이고, 사람 또한 그에 반응할 것이다.

우리에겐 4차 산업혁명이라는 구호가 필요한 것이 아니다. 사람들의 삶을 뒤흔든 혁명은 기실 이후에 이름 붙여진 경우가 대부분이었다. 인간의 염원과 행동이 선행된 뒤 도착한 미래에 주어진 월계관이었다.

이름이 중요하지 않은 것은 아니다. 우리에게 절실한 것은 올바른 길을 갈 수 있도록 안내하는 이정표와 모든 사람들이 동의할 만한 선한 목적지이다. 그것이 유토피아가 될지 디스토피아가 될지 그 갈림길에서 어떤 이름으로 나아갈지는 결국 우리의 몫이다.

＊＊

산업혁명은 시민을 탄생시켰고 일자리를 탄생시켰다. 산업혁명은 일자리를 탄생시켰고 사람을 소외시켰다. 산업혁명은 기존의 일자리를 빼앗았지만 새로운 일자리를 만들어냈다.

4차 산업혁명 역시 1년 전 구체적으로 드러난 진앙이 사뭇 숨 가쁘게 다가오는 건 어쩌면 당연한 일이다. 기술을 만드는 것도 사람, 이를 상품으로 만드는 것도 사람, 이를 선택하고 소비하는 것도 사람이기 때문이다. 결국 기술 발달이 가장 큰 영향을 미친 것은 우리 삶 자체이다. 수많은 기술이 사람의 환경을 바꿨지만 사람 자체를 바꾸지는 않았다. 수많은 기술이 뜨고 졌지만 사람의 가치만큼은 건재하다. 사람들은 불공정한 기회를 어떤 방식으로든 기회로 만들었다. 4차 산업혁명의 핵심어가 일자리, 즉 사람이 중심이 될 수밖에 없는 까닭이다.

4차 산업혁명은 신기루일까? 신기루일 수도 있지만 그 끝에는 오아시스가 분명히 존재한다.

4차 산업혁명은 불모지일까? 아직 개간되지 않았으나 거름을 주고 가꾸면 옥토로 뒤바뀔 수 있다.

어떤 혁신적인 기술이건 그것은 자연이 선사한 선물이 아니었다. 사람들의 분투(奮鬪)로 역사는 지금에 이르렀다.

*＊＊

4차 산업혁명 시대는 선도기업, 일종의 퍼스트 무버가 살아남고 빈익빈 부익부 현상이 더욱 심화될 것이라고 우려하는 목소리가 높다. 사실 정부가 가장 역점을 둬야 하는 부분이 이 소외의 문제일지도 모른다. 자유로운 경쟁과 플랫폼을 제공해 기업이 성장하는 부분에서는 정부의 역할은 최소화해야 한다. 그러나 그로 인해 발생하는 소외와 일자리 문제에서는 정부의 역할은 최대화해야 한다.

근시안적인 안목으로는 더 이상 4차 산업혁명이라는 미래를 맞이할 수 없다.

혁신기술의 발전으로 일자리가 줄어드는 것은 어쩌면 인구절벽에 대비하기 위한 산업 생태계의 자정 노력으로 읽힐 수도 있다. 실제로 정부의 일자리에 관한 위기감이 솟구치는 한편, 가까운 일본의 경우에는 생산가능인구가 부족해 임금이 뛰고 있다는 역설적인 사실을 발견할 수 있다. 3D 프린팅 기술 등 혁신기술의 발전으로 해외로 나간 기업이 자국으로 회귀하는 '리쇼어링' 현상이 일어나 오히려 일자리가 늘어날 수도 있다. 인간이 꺼려하는 일자리는 기술이 대체할 확률이 높지만 여전히 수많은 일자리는 결국 사람이 바탕이 될 수밖에 없다.

대한민국이라는 우리가 사는 세상을 들여다봐도 4차 산업혁명은 단순히 일자리와 관련된 문제가 아닐 수 있다. 지난 1년을 돌아보면 세상에 얼마나 다양한 변화가 몰아칠 수 있는지 경험할 수 있다. 미래에는 이보다 더한 무수히 많은 우연과 문제들이 돌출될 수 있다.

예를 들어 우리가 혁신기술이라고 하는 것들이 인간

과 대결하는 구도가 될 수도 있다. 인공지능은 로봇의 형태일 수 있고, 정말 인간의 모습을 닮은 형태로 진화할 수 있다. 반면 고령화와 더불어 인구감소가 악화돼 일자리는 넘쳐나는데 오히려 일하는 사람이 없을 수도 있다. 고령층이 떠맡고 있는 농어촌 역시 어떻게 기술혁명과 조화를 이룰지 고민해야 하는 부분이다. 먹거리의 기본인 농어촌은 외면해서는 안 되고, 어쩌면 농어업이야말로 어떤 산업혁명이 찾아오건 가장 기본적으로 지켜야 할 원천기술이자 미래 산업의 황금알이 될지도 모른다. 또한 임금은 제자리인데 주택 가격은 내려올 줄 모르는 현실 등 근본적인 문제들을 제쳐두고 4차 산업혁명을 논할 수 있을까? 여전히 우리에게 남아 있는 차별들, 여성과 장애인, 소수자들의 문제는 어떻게 연계할 것인가? 유토피아와 디스토피아는 뒤섞여 더없는 혼란을 부추길 수도 있고, 통일이라는 변수가 이 모든 흐름을 다 뒤집을 수도 있다.

4차 산업혁명의 핵심은 융·복합이다. 다가올 세상은 단일 변수로 예측하기 힘들다. 그러나 한 가지 사실만은 분명하다. 4차 산업혁명 시대를 주도할 기술과 산업은 그 어느 때보다 더 깊은 인간다움에 대한 사색과 인간의 욕망에 대한 이해가 필요하다는 것이다. 그리고 그런 기술과 산업의 발견과 성장은 사람 중심의 문화 속에서 탄생한다는 것이다. 제5차, 제6차, 그다음 산업혁명이 도래하더라도 결국 그 중심엔 사람이 있다는 사실만큼 은 변치 않을 까닭이다. 아니 변하지 않아야 한다.

***

우리는 그 갈림길에 서 있다. 4차 산업혁명은 우리 경제가, 그리고 사회가 서로 연대하며 인간다움의 세상을 향해 나아가는 디딤돌이 되어야 한다.

대한민국은 이미 수차례 혁명을 경험한 적이 있다. 중요한 것은 그 모든 혁명은 정치나 기업이 아니라, 국민 개인 한 사람 한 사람의 능동적인 참여에서 비롯했다는 사실이다. 미래를 준비하는 가장 큰 힘은 긍정이다. 긍정은 어떤 비용도 필요하지 않는 최고의 무기이다. 긍정은 순진한 희망이 아니라, 결심과 끝까지 할 수 있다는 용기이다.

4차 산업혁명은 어떤 전문가가 분석하는 통계나 전망의 '멋진 신세계'가 아니다. 4차 산업혁명은 기업이 소비자에게 선사하는 스마트한 기술의 전시장도 아니다. 4차 산업혁명은 바로 우리가 사람의 가치를 회복하는 기회이자, 기술과 문화가 어우러진 흐름이다.

우리는 그 누구보다 큰 가능성을 가지고 있다. 우리 곁에 있는 사람을 돌아보라. 그 사람이 바로 우리의 미래이다.

사람을 위한 대한민국 4차 산업혁명을 생각하다

초판 1쇄 인쇄	2017년 6월 1일	지은이	유웅환
초판 1쇄 발행	2017년 6월 12일	발행인	노승권

주소   서울시 중구 무교로 32 효령빌딩 11층
전화   02-728-0275(마케팅), 02-728-0240(편집)
팩스   02-774-7216

발행처   (사)한국물가정보
등록   1980년 3월 29일
이메일   booksonwed@gmail.com
홈페이지   www.daybybook.com

책읽는수요일, 라이프맵, 비즈니스맵, 마레, 사흘, 생각연구소, 지식갤러리, 피플트리,
스타일북스, 고릴라북스, B361은 KPI출판그룹의 단행본 브랜드입니다.